삭개오,
그에게로 오신
예수님

삭개오, 그에게로 오신 예수님

강해설교의 대가,
정근두 목사의 삭개오 이야기

정근두 지음

KIATS

추천사

홍정길(남서울은혜교회 원로목사)

 사람들의 마음속 깊은 곳에는 아무것도 없는 빈 곳이 있습니다. 그 공간은 오직 예수 그리스도만이 채워 주실 수 있습니다. 그런데 많은 이가 그 텅 빈 곳을 예수님이 아닌 다른 것으로 대신 채워보려고 부단히 노력합니다.

 성경은 태어날 때부터 가난했고 키가 너무 작아서 다른 사람들과 함께 있으면 특별히 잘못된 것이 없음에도 불구하고 부족함을 느낄 수밖에 없던 한 사람, 삭개오의 삶을 통해서 이 빈 곳의 채움을 극명하게 보여 줍니다.

 삭개오는 민족의 반역자라는 말을 듣는 것도 개의치 않고, 사회적으로 정상적인 품격마저도 갖추지 못한 직책을 스스로 선택하여 그 모든 것을 돈으로 해결하기로 작정한 사람입니다. 이 삭개오의 생애를 통해서 우리는 어떻게 참된 채움을 그리스도 안에서 얻을 수 있을까요?

하나님의 말씀에 창연한 목회자이자 이 책의 저자인 정근두 목사는 이 책을 통해 삭개오를 만나주셨던 예수 그리스도를 통하여 우리에게 구원의 참된 의미와 기쁨을 올바르게 누리는 삶을 안내해주고 있습니다. 그의 설교집은 깊은 묵상이 있어 마치 렘브란트나 카라바조의 그림처럼 우리 손으로 가까이 만지는 듯한 촉감을 느끼게 합니다.

개인적으로 저와 정근두 목사님은 오랜 세월을 이 땅에 살면서 복음을 전하고 목회를 하는 일에 동지로 지금까지 왔습니다. 그는 어느 것 하나 쉽고 허투루 대하지 않는 깊은 탐구심으로 하나님의 말씀을 전하여, 설교자가 어떤 사람이 될 것인가에 대해서 고민하며 외길을 달려온 사람입니다. 그리고 진실하게 말씀만 전하는 것으로 그치지 않고 섬기는 교회에서 몸부림치며 복음으로 사는 사람이 어떻게 선한 열심을 가지고 하나님의 친 백성으로 살아야 하는지 목회현장에서 고민했습니다. 그래서 그 고민은 구체적으로 말씀으로 사는 삶을 보여 주는 설교가 되었습니다.

요즘 많은 설교가 마치 기독교가 엔터테인먼트와 같이 여겨지고 단순히 멋진 담론의 종교로 머무르게 하는 시대 풍조를 만들어 가고 있습니다. 그러나 정 목사님은 말씀과 삶이 함께 가는 일을 위해서 한평생 설교와 목회현장에서 힘써 여기까지 왔습니다.

그런 귀하고 아름다운 목회자의 생애가 삭개오라는 인격을 통해서 예수님을 만나고 그 후로 어떻게 결단을 해야 하며, 그분과 함께 사는 자가 구체적으로 어떤 걸음을 내디뎌야 하는지를 이 설교집을 통하여 보여 줍니다. 한 장 한 장을 읽어 내려갈 때마다, 단순히 말씀을 배우는 것을 넘어 삭개오를 만들어 주님 앞에 세우는 귀하고도 아름다운 현장에 초대된 것을 느낍니다.

공허한 마음의 키 작은 삭개오를 참된 구원의 감격으로 새롭게 하신 주님의 크신 은총이 오늘 이 책을 읽는 모든 분들의 마음에 가득 넘치는 축복이 있으시기를 기도드립니다.

추천사

김양재 (우리들교회 담임목사)

우리는 그동안 회심한 삭개오에 관한 많은 설교를 들어 왔습니다. 우리의 신앙과 삭개오의 신앙을 비교하면서 우리도 삭개오처럼 예수님을 만나고 진심으로 회심하자고 다짐도 했었을 것입니다. 물론 틀린 적용은 아닙니다. 하지만 '그에게로 오신 예수님'이라는 책의 제목처럼 삭개오 말씀의 참 주인공은 예수님입니다.

이 책을 읽기 전에 우리는 그에게 오신 예수님의 당시 심정을 이해해 볼 필요가 있습니다. 이제 곧 십자가를 지어야 하는 무거운 마음으로 여리고로 향하셨던 예수님. 예수님은 자신의 세상 여정이 저물어가는 시점에서 삭개오에게 말씀하십니다. "속히 내려오라" 예수님은 잃은 양을 찾은 기쁨에 삭개오에게 말씀하시고 "아브라함의 자손"임을 선포하셨습니다. 예수님에게는 삭개오에 대한 세상의 평판과 지위는 중요하지 않았습니다. 다만 예수님을 보고 싶은 마음에 달려 나온 그를 만나시는 것이 중요했습니다.

예수님은 그러한 분이십니다. 지금 여러분이 어떠한 상황이든지, 평판이 어떠한지는 중요하지 않습니다.

우리 모두 예수님 앞에서는 한 명의 삭개오와 같은 사람들입니다. 정근두 목사님의 삭개오 설교를 정리한 이 책은 예수님이 찾으시는 삭개오와 같은 한 사람과 그 한 사람과 예수님의 인격적인 한 만남, 만남 후에 자신의 삶의 가치를 바꾼 삭개오의 한 결단, 마지막으로 결단을 내리는 자에게 구원을 선언하시는 예수님의 한 선언에 관한 이야기를 담고 있습니다.

여러분도 이 책을 통해 예수님을 보기 위해 삭개오처럼 달려나올 수 있길, 그런 우리를 즐거이 만나주시는 예수님과의 깊은 영적인 교제가 있으시길 소망합니다.

목차

1. 한 사람 … 18

2. 한 만남 … 54

3. 한 결단 … 80

4. 한 선언 … 118

*본문 읽고 가기

예수께서 여리고로 들어가 지나가시더라 삭개오라 이름하는 자가 있으니 세리장이요 또한 부자라 그가 예수께서 어떠한 사람인가 하여 보고자 하되 키가 작고 사람이 많아 할 수 없어 앞으로 달려가서 보기 위하여 돌무화과나무에 올라가니 이는 예수께서 그리로 지나가시게 됨이러라 예수께서 그 곳에 이르사 쳐다 보시고 이르시되 삭개오야 속히 내려오라 내가 오늘 네 집에 유하여야 하겠다 하시니 급히 내려와 즐거워하며 영접하거늘 뭇 사람이 보고 수군거려 이르되 저가 죄인의 집에 유하러 들어갔도다 하더라 삭개오가 서서 주께 여짜오되 주여 보시옵소서 내 소유의 절반을 가난한 자들에게 주겠사오며 만일 누구의 것을 속여 빼앗은 일이 있으면 네 갑절이나 갚겠나이다 예수께서 이르시되 오늘 구원이 이 집에 이르렀으니 이 사람도 아브라함의 자손임이로다 인자가 온 것은 잃어버린 자를 찾아 구원하려 함이니라 눅 19:1-10

들어가는 글

정근두(울산교회 담임목사)

삭개오를 처음 만나고 그의 이야기를 나누기 시작한 지, 참 많은 날이 지나갔습니다. 그때가 제가 남아프리카공화국에서 유학을 시작한 지 5년의 세월이 흘러갔을 때입니다. 1983년경이었던 것으로 기억합니다. 막 주말이 시작되는 어느 금요일 오전, 그곳 자매교회에 속한 네덜란드계 필립 보이스Phillip Boice란 목사님을 신학교 도서관에서 우연히 만났습니다.

키가 크고 시원시원한 외모의 목사님께서 아무런 고민도 해 보질 않았는지 나보고 대뜸 자기 교회에 와서 설교해 달라고 부탁을 했습니다. 그것도 자기가 목회를 하는 소도시 교우들은 영어 울렁증을 가지고 있으니 그들의 모국어인 아프리칸스Afrikaans(남아프리카공화국 공용어)로 해 달라는 부탁입니다. 당시 남아공은 네덜란드계 백인정부가 다스리던 때이고, 백인의 반은 영어를, 반은 아프리칸스라는 네덜란드 계통의 언어를 사용하고 있었습니다.

아프리칸스로는 엽서 한 장 써 본 적도, 5분짜리 연설도 한 적이 없었지만, 유학 간 지 5년이 넘는 시간이 흐르는 동안 공부가 무엇인지 목사가 예배시간에 제대로 된 설교 한 번도 못했지만 거절하기 어려운 제안이었습니다. 그래서 저는 누가복음 18장 과부의 기도부터 19장의 삭개오 이야기에 이르는 설교문을 아프리칸스로 작성하기 시작했습니다.

특별한 요청에 걸맞은 아주 특별한 체험을 하면서 유학 시절 마지막 3년간은 적어도 50개가 넘는 교회로부터 설교요청을 받았던 것을 기억합니다.

그때부터 시작된 삭개오 이야기는 귀국해서 모국어로 제가 섬기는 교회뿐 아니라 사경회 강사로 부름을 받으면 꽤 자주 전한 말씀입니다. 사람들이 삭개오 이야기라면 정근두 목사 설교의 대표작처럼 여길 정도입니다. 여러분이 예상하는 대로 주일예배의 틀 속에는 시간의 제약 때문에, 사경회라는 분위기 속에서 전하는 것과는 전혀 다른 모습을 갖습니다. 오늘 여러분이 이 책을 통해 읽게 되는 삭개오에 관한 이야기는 최근의 사경회에서 녹취한 것을 토대로 했습니다.

수도권 어느 교회에서 삭개오 이야기 가운데 하나를 나누는 저녁 시간이었습니다. 평소에 잘 아는 자매가 제 집회 소식을 접하고 찾아와서 다시 그 설교를 듣게 되었습니다. 대학생 시절에 첫 설교를 들을 때, 그러니까 한 20년 전의 감동이 되살아났다면서, 꼭 글로 출판이 되었으면 좋겠다는 요청을 받았습니다. 그러나 그 후로도 상당한 시간을 보내다가 이번에 한국고등신학연구원 김재현 박사의 수고로 여러분의 손에 들려지게 되었습니다.

삭개오, 그는 2천 년 전에 팔레스틴 물류거점지인 여리고라는 곳에서 세관장이라는 직업에 충실했고 그 결과 억수로 부자였던 것으로 성경은 밝히고 있습니다. 때론 '낭패와 실망 당한 뒤에'^{찬송가 272장} 손들고 주께로 나오는 부류가 있는가 하면, 좀 드물긴 해도 삭개오처럼 승승장구하는 출세 가도에서 지난 여름 갑자기 영적인 욕구를 느껴서 주께로 달려나가는 이들도 있습니다. 대한민국의 어제, 참 배고프고 못살던 시절, 많은 사람이 "병든 몸이 튼튼하고 빈궁한 삶이 부해지며 죄악을 벗어 버리려고" 주께로 나아와 2천 년 선교 역사의 기적적인 부흥을 이루었습니다.

그러나 오늘의 대한민국은 삭개오 못지않은 부를 누리며 살고 있지만 여전히 "자유와 기쁨 베푸시는 주께로", "하늘의 기쁨 맛보려고 주께로" 나아가야만 한다고 믿기에 지난 30년이 넘도록 열심히 삭개오 이야기를 전했습니다. 사경회 후에 다시 만나면 "목사님, 내가 그때 삭개오였습니다"라고 고백해 준 사람들도 있습니다.

하지만 아마 그보다 훨씬 많은 사람이 삭개오를 통해 자신을 만나고 주님을 뵈옵고 새로운 삶을 출발하였다는 확신이 있었기 때문에 같은 공간에서 목소리를 통해서 복음을 전하는 것이 가장 주된 사역이지만 이번에는 글자를 통해서 소책자 형식으로, 그리고 대

중 집회 스타일의 강해설교로 독자들을 만나려고 합니다.

《메시지 성경》 시편 49편에는 다음과 같은 구절이 있습니다. "제아무리 똑똑하고 유능한 사람이라도 죽은 후에는 어리석고 멍청한 사람들과 똑같은 신세인 것을, 자기 이름을 따서 동네 이름(거리 이름을, 사업체 이름)을 지은 자들이라도, 결국에는 모든 재주를 뒤로 하고 그들의 새집, 관속으로 들어갈 뿐이다. 오직 그들의 영원한 주소는 공동묘지이다."

모쪼록 "우리는 불멸의 존재가 아니며, 오래 살지도 못한다"는 사실을 깨닫게 되었으면 합니다. 예수님을 만나야 기쁨이 있습니다. 예수님을 만나야 사람답게 살 수가 있다는 사실을 깨닫기를 바랄 뿐입니다.

그동안 삭개오 이야기를 영광스럽게 사용해주신 분께서 앞으로 이 책자를 통해서도 독자들을 만나주시길 소원합니다. 이 이야기를 통해서 새로운 삶으로 옮겨진 형제자매들께도 조그만 기쁨이 되길 바라며 들어가는 글을 마칩니다.

예수께서 여리고로 들어가 지나가시더라 삭개오라 이름하는 자가 있으니 세리장이요 또한 부자라 그가 예수께서 어떠한 사람인가 하여 보고자 하되 키가 작고 사람이 많아 할 수 없어 앞으로 달려가서 보기 위하여 돌무화과나무에 올라가니 이는 예수께서 그리로 지나가시게 됨이러라 눅 19:1-4

누가복음의 삭개오 이야기는 제가 30년 동안 사랑해 온 말씀입니다. 주께서 많은 사람을 이끄셨던 말씀이요, 주께 많은 사람이 헌신토록 했던 말씀입니다. 오늘 그 삭개오 이야기를 여러분과 나누려 합니다.

우리가 읽은 성경은 하나님의 계시의 말씀입니다. 학문연구는 탐구research를 통해서, 성경진리는 계시revelation를 통해서 알 수 있습니다. 계시의 말씀은 하나님께서 보여 주셔야 알 수 있습니다. 이 계시의 말씀은 학문을 연구하는 방법과는 달리 겸손한 마음으로 나아오는 자에게만 하나님께서 친히 보여 주십니다. 세상의 지혜로운 자들에게는 이것을 감추시고 어린아이들에게는 알려주셨습니다. 교만한 마음으로는 이것을 볼 수가 없습니다. 하지만 겸비한 마음으로 나아오는 자들에게는 하나님께서 듣도록 하십니다.

여러분이 잘 알다시피 성경은 구약과 신약으로 이루어져 있습니다. 그중 신약에는 예수님의 생애와 교훈을 기록한 네 편의 복음서가 있습니다. 마태, 마가, 누가, 요한복음이 바로 그것입니다. 이 네 복음서는 모두 세상에 오신 하나님의 아들, 즉 예수 그리스도의 행적을 기록하고 있습니다. 예수님의 행적은 네 사람의 기자에 의해서 기록되었습니다. 옛 유대법은 두 사람이 증거하면 그것을 사실로 채택했습니다. 그러나 하나님께서는 당신의 아들이 하신 일과 말을 확증하기 위해서 그 두 배인 네 사람의 증인을 채택하신 듯합니다.

그런데 네 사람의 증인은 예수님의 동일한 행적을 기록했지만 각각 다른 특성을 가지고 있었고, 각각 다른 관점으로 예수님의 행적을 바라보았습니다. 즉, 네 명 모두 예수님과 함께 지냈지만, 기록하는 방법이 달랐던 것입니다.

그 가운데 가장 따뜻하고 인간적인 관점을 가지고 문학적으로 기록한 복음서가 바로 누가복음입니다. 누가복음은 다른 복음서에 비해 예수님의 행적이 차례

대로 잘 기록되어 있습니다. 누가복음 1, 2장에는 메시아가 오시리라는 예언이 기록되어 있습니다. 이어서 3장부터는 주님의 행적을 본격적으로 기록하였습니다. 갈릴리에서 시작된 예수님의 사역이 오늘 19장에서는 예루살렘 사역으로 접어들고 있습니다. 정확히 표현하면 주님의 수난에 관한 기록이 시작되는 부분이 바로 우리가 읽은 누가복음 19장 이야기입니다.

삭개오가 아닌 예수님의 이야기

그렇다면 누가복음 19장 1절-10절의 주인공이 누구인지 살펴봅시다. 가능한 편견에 사로잡히지 않고 본문을 대하는 사람이 바른 관찰을 할 수 있습니다.

성경을 공부할 때 꼭 필요한 자세가 있다면 편견을 갖지 않도록 노력하는 것입니다. 타락 이후 인간은 편견이란 것을 가지고 태어납니다. 타락 이후 인간은 보편적으로 편견을 가지게 되었는데, 바른 해석에 있어서 편견만큼 큰 암적 요소는 없습니다. 편견은 사실을 있는 그대로 보지 못하게 만듭니다. 편견은 사실을 보는 그대로 설명하지 못하게 합니다. 편견 없이 우리 앞에 놓인 자료, 누가복음 19장 1-10절의 본문을 관찰한다면 초등학생이라도 주인공이 누구인지 가려낼 것입니다.

자, 그렇다면 여러분이 생각해 보십시오. 여기서 주인공이 누구이며, 왜 그렇게 생각하는지를 대답해 주십시오.

모든 성경은 궁극적으로 예수님에 대해서 증거합니다. 4복음서의 주인공도 예외가 아닙니다. 어디를 펼쳐도 예수님입니다. 그렇다면 이제 누가 주인공인지 살펴보는 것은 간단합니다. 누가 가장 많이 언급되는지 보면 알 수 있기 때문입니다.

누가복음 19장 역시 예수님이 주인공으로 등장합니다. 사람들 대부분이 삭개오 이야기라고 알고 있지만, 사실은 삭개오보다는 주님의 이야기입니다. 예수님의 행동과 말씀으로 일련의 과정을 계속하고 끝맺고 있기 때문입니다. 삭개오는 예수님의 자아 계시에 등장하는 한 조연에 불과합니다.

예수께서 여리고로 들어가 지나가시더라

삭개오의 구원사건을 통해서 예수께서 어떻게 자기를 계시하시는지 살펴봅시다.

우리가 읽은 누가복음 19장은 "예수께서 여리고로

들어가 지나가시더라"눅 19:1는 말로 시작합니다. 이 말의 의미를 제대로 알기 위해서 우리는 누가복음의 구조를 알아야 합니다.

누가복음 9장 51절에 "예수께서 승천하실 기약이 차가매 예루살렘을 향하여 올라가기로 굳게 결심하시고"란 말씀이 나옵니다.

저는 이스라엘 성지순례를 두 번 다녀왔습니다. 요즘에는 보통 시간과 돈에 여유가 되는 사람들이 이스라엘 성지순례를 다녀옵니다. 그러나 주님이 예루살렘을 올라가신 것과 우리가 성지순례를 다녀온 것은 차원이 다릅니다. 예루살렘이 성지가 되기 위하여 당신을 희생시키러 가셨기 때문입니다.

"승천하실 기약이 차가매"를 직역하면, "떠나실 기약이 차가매"입니다. 당신이 예루살렘에 올라가면 거기서 목숨을 내놓아야 한다는 것 때문에 굳게 결심하지 않고는 갈 수 없는 것입니다.

그다음부터 누가는 예수님의 발걸음이 순간순간 어디를 통과하고 있는지 이따금 말해 줍니다. 누가는 한 사건을 기록할 때, 그 사건이 언제, 어디서 일어났는지를 자주 밝히고 있습니다. 그래서 흔히 그를 가리켜 신학자요 역사가라고 부릅니다.

그는 누구보다 역사적인 안목을 가진 복음서 기자입니다. 예를 들어 "예수께서 여리고로 들어가 지나가시더라"인 누가복음 19장의 첫 구절은 누가복음 18장 35절 "여리고에 가까이 가셨을 때에 한 맹인이 길 가에 앉아 구걸하다가"에 대응하는 부분입니다. "여리고로 가까이 가셨을 때에"의 18장은 여리고로 가시는 예수님으로 인해 일어난 사건인 반면, 19장은 여리고를 지나가시는 예수님께서 행하신 사건입니다.

19장에서 예수님은 여리고를 통과하고 계십니다. 누가는 예수님의 생애를 "예루살렘을 향해 가시는 분"으로 묘사합니다. 예수님은 마지막 목적지인 예루살렘에 올라가시기 위해서 세상에 오신 분이며 그 과정에서 여리고를 지나가고 계십니다. 여리고는 예루살렘으로 가기 전에 위치한 마지막 큰 도시였다고 보면 됩니다. 이 여리고를 지나면 지형적으로 오르막길이 시작됩니다. 이제 예수님은 예루살렘이라는 최종 목적지에 걸어서 다다르기까지 하루라는 시간을 남겨 놓고 있습니다. 예루살렘을 향한 예수님의 여정은 이제 서서히 끝나가고 있습니다.

그뿐만 아니라 이제는 예수님이 세상에서 일하실 시간이 한 주간으로 줄어드는 시점입니다. "예수께서 여리고로 들어가 지나가시더라"는 서두는 이 사실을 상기시켜 주는 동시에 더 깊은 의미를 담고 있습니다. 누가는 "예수께서 지나가시더라"는 말을 한 후에 주님이 지나가시며 하시는 놀라운 일을 상세히 기록하고 있습니다. 이는 여리고 뿐 아니라 예수께서 우리 주위를 지나가시며 하실 놀라운 사건을 떠올리게 하고, 지금 그가 하시게 될 놀라운 일을 기대하도록 합니다.

여러분은 여러분의 관심을 오로지 예수님께 집중하고 기대해야 합니다. 예수 그리스도의 아버지, 하나님께 우리 마음이 향해야 합니다. 세세토록 찬양을 받으시기 합당한 그분을 향해서 모든 성도의 마음을 모아야 합니다.

그분이 우리 가운데 지금 하시게 될 놀라운 일에 마음 졸이며 기다리는 것이 우리가 예배드리는 바른 자세입니다. 예배하는 순간에 우리 가운데 좌정하신 그 영광스런 분을 향해 우리의 눈을 돌려야 합니다. 이렇게 우리의 눈과 관심과 마음이 우리가 예배하는 분께 향하도록 누가는 "예수께서 지나가시더라"고 말합니다.

하나님의 관심이 향하는 곳

보십시오! 잃어버린 자를 찾아 구원하시는 놀라운 사건이 이제 전개됩니다. 인자가 세상에 오신 목적이 성취되는 순간입니다. "오늘 구원이 이 집에 이르렀으니"눅 19:9라는 놀라운 구원 선포가 삭개오에게 선언되는 순간입니다.

사랑하는 여러분! 주님은 삭개오 한 사람의 구원 사건을 통해 구원이 무엇인지 우리에게 보여 주시기 원하십니다. 주님의 뜻은 삭개오만을 구원하시는 것이 아닙니다. 삭개오의 구원 사건을 통해서 주님은 구원이 무엇인지 우리에게 보여 주고자 이 사건을 기록하셨습니다. 아니, 잃어버린 자 중에 있는 인생을 지금 찾아 구원하고 싶어 하십니다.

구원이란 말은 교회에서 많이 듣는 말입니다. 교회에서 많이 사용하지만, 많이 오해되고 있는 것도 사실입니다. 여러분이 교회에 오신 목적도 구원받기 위함이요, 그로 인해 하나님께 영광 돌리기 위함입니다.

그런데 만약 구원이 무엇인지 오해한다면 이는 중대한 문제입니다. 그래서 저는 먼저 "삭개오라 불리는 한 사람"을 통해서 구원이 무엇인지 풀고 나서 구원의 진

수眞髓가 무엇인지 살피려고 합니다.

여러분이 구원을 알지 못한다면, 주님은 어느 날 "나는 너희가 어디에서 왔는지 알지 못하노라 행악하는 모든 자들아 나를 떠나 가라"눅 13:27고 엄숙히 선언하실 것입니다.

몇 년 전, 울산교회에서 주일예배 설교를 하고 헌금기도를 할 때의 일입니다. 제가 한 분, 두 분의 감사헌금 제목을 읽다가 의식을 잃어버렸습니다. 머리를 강대상에 쿵 찍고 그다음 바로 쓰러졌습니다. 몇 분간 그렇게 의식을 잃은 채 있다가 깨어보니 여기저기서 우는 소리가 들렸습니다. 그때 제가 깨어나지 못했다면 주님을 만났을 겁니다. 그런데 그때 주님이 "너 누구냐?" 물으시면 웃기는 겁니다. "주님, 제가 울산교회 당회장 아닙니까? 고신 총회장 하지 않았습니까?" 주님께서 달려 나와서 "잘했다, 수고했다" 칭찬하셔야 되는데 주님이 "내가 너를 모른다" 하면 웃기는 상황이 되는 것입니다.

그 일이 있고 난 뒤부터 저는 더 열심히 살고 있습니다. 특히 기도를 더 많이 하고 있습니다. 저는 컴퓨터 자판을 치면서 기도를 합니다. 정말 강대상에서 쿵하고 넘어지기를 잘한 것 같습니다. 안 그랬으면 주님의 일을 하느라 바쁘다고 하면서 주님과의 관계는 저 멀찍이 밀어놨을 것 아닙니까? 지금은 그러지 않습니다.

이제는 주님이 하라고 하시는 것만 하기로 했습니다. 주님이 "○○교회 가서 설교해라" 그러면 "예, 주님! 가지요" 하고 갑니다. 강사로 왔으니까 은혜를 끼쳐야겠다는 부담은 더 이상 갖지 않기로 했습니다. 보낸 그분이 알아서 할 것이기 때문입니다. 예배에 몇 명이 나올지 교회 분이 염려하고 있길래, 그러지 말라고 했습니다. 주님이 원하시는 분은 나오실 것이고 그렇지 않으면 나오지 않을 것인데, 나온 사람을 섬기는 것이 내 일이니 전혀 걱정하지 마시라고 했습니다.

주님은 우리와 참 다릅니다. 어떻게 그렇게 노골적으로 이야기를 하시는지 우리는 그런 생각이 들어도 말을 안 하지 않습니까? 그런데 예수님은 늘 그런 식으로 말씀하십니다. 예수님은 교회 밖에 있는 사람들보다는 오히려 지금 자기에게 있는 사람들에게 관심을 가지고 이같이 경고하십니다.

> 너희가 아브라함과 이삭과 야곱과 모든 선지자는
> 하나님 나라에 있고 오직 너희는 밖에 쫓겨난 것을

볼 때에 거기서 슬피 울며 이를 갈리라 눅 13:28

예수님은 밖에 있는 사람에 대해서는, 그리고 오늘 밤 참석하지 않은 사람에 대해서는 말할 필요가 없다고 보았습니다. 예수님의 관심은 항상 자기 이야기를 듣고 있는 사람들이 한날 하나님의 나라에 들어갈 것인지 아니면 악한 길을 계속 걸음으로써 지옥으로 갈 것인지에 대한 것입니다.

저도 나이가 들어보니까 다른 것은 중요하지 않다는 생각이 들었습니다. 한 사람이라도 더 이 좋은 주님을 알게 되어 저 좋은 천국에서 만나는 것이 중요하지, 나머지는 크게 중요하지 않게 느껴집니다. 제가 영국, 프랑스, 독일에 가보니까 교회가 다 죽어 있었습니다. 종교개혁 500주년을 앞두고 있는데 딱하다는 생각이 들었습니다.

2015년 9월에 저희 어머니께서 94세로 소천하셨습니다. 3주간 미국 여행을 하고 돌아와 토요일에 병원에서 어머님을 뵈었습니다. 주일을 보내고 월요일 새벽에 전화가 와서 저는 6시에 병원으로 달려갔습니다. 아무래도 힘들 것 같아서 찬송을 불렀습니다. 당신의 남편이 좋아하던 찬송, 당신이 좋아하던 찬송을 다 부르고, 그 전날 제가 설교했던 본문을 가지고 설교를 해 드렸습니다. 그리고 기도를 하고 나니까 목에 달아놓은 산소호흡기 때문에 목소리가 분명하지는 않았지만, 어머님께서는 '아멘'이라고 하신 후 세상을 떠나셨습니다.

그러다 보니까 지금은 과거 어느 때보다 언젠가는 모든 사람이 다 이 세상을 떠나간다는 것을 강하게 느낍니다. 그림자와 같다는 표현이 더 다가옵니다. 그런데 정말 중요한 것은 우리가 그때 그 순간에 하늘 아버지의 집으로 간다는 확신이 있어야 의미 있게 산다는 것입니다. 지금 우리가 30평에 사느냐, 60평 아파트에 사느냐는 중요하지 않습니다. 아들이 어느 직장에 들어갔는지도 중요하지 않습니다. 결국에는 다 떠날 것이지 않습니까? 훗날 우리가 어디에 귀착할지가 중요한 것입니다.

지금 여기 제 앞에 앉아 있는 여러분을 향해 저는 말씀을 전할 의무를 가지고 있습니다. 불행히도 바깥에 있는 이들을 도울 방법은 거의 없습니다. 그들은 이 자리에 나오지 않았기 때문입니다. 그분들을 향해서 지금 제가 말할 방법은 없습니다.

그러나 저는 지금 여러분과 대면해 있습니다. 훗날 하나님 앞에서 저는 제가 전한 말에 대해서, 여러분은 들은 말에 대해서 각기 책임 있게 대답해야 할 것입니다. 성경에서 "나를 떠나가라"눅 13:27고 했던 사람들은 주님께 나아오지 않던 이들이 아니라 주님 앞에서 듣고 있던 이들이었습니다. 그들 가운데 불법을 행하던 자들입니다.

여기 있는 여러분은 지금 여러분의 선택을 통해서 하나님 나라에 들어갈 수도 있고 거절할 수도 있습니다. 영원한 후회의 이를 갈기 전에, 우리는 주님의 말씀을 청종해야 합니다.

기독교 구원의 척도가 될 수 없는 것

누가복음 19장 2절은 "삭개오라 이름 하는 자가 있으니"라고 시작합니다. 그런데 성경을 번역하는 사람들이 여기서 한마디를 번역하지 않았습니다. 본래는 "보라"라는 말이 먼저 나옵니다. 이로써 우리 시선이 주께서 구원하시려고 하는 한 사람을 보도록 합니다.

"보라! 한 사람이 있었으니 그의 이름은 삭개오라

그는 세리장이었고 그는 부자였다"가 본래 구절이라고 합니다. 얼마나 잘 나가는 사람이었는지 이름뿐 아니라 직함도 있습니다.

누가는 "보라"라는 말로써 삭개오를 소개합니다. 세상은 한 사람을 평가할 때 크게 세 가지를 중요하게 여깁니다. 첫째, 이름이 무엇인지. 둘째, 그 사람의 지위가 무엇인지. 셋째, 그 사람의 가진 것이 무엇인지가 그 기준입니다. 누가는 세상이 흔히 한 사람을 소개하는 방식대로 삭개오를 소개합니다.

어떤 사람을 만날 때 아직 그런 기준이 중요하게 느껴지는 분이 계신다면, 오늘 말씀을 주의 깊게 들어야 합니다. 그리스도 예수 안에 들어온 사람은 이런 기준으로 서로에게 소개되는 것이 아닙니다. 이름이 무엇이라도 상관없고 지위가 무엇이라도 상관없습니다. 가진 것의 유무도 문제되지 않습니다.

그리스도 안에서 새롭게 만난 사람들은 이전 것을 가지고 서로를 평가하지 않습니다. 그리스도 안에 있는 이들은 이런 것들로 자랑하지 않습니다. "낮은 형제는 자기의 높음을 자랑하고 부한 형제는 자기의 낮아짐을 자랑할지니"약 1:9-10라고 야고보 선생은 권합니다.

세상 사람들이 우리를 흙수저라고 무시할지 모르지만 신경 쓰지 마십시오. 내가 하나님의 금수저를 가지고 있다는 것을 알아야 합니다. 돈 좀 있는 사람은 다른 사람을 우습게 바라봅니다. 부한 형제가 자기가 비천한 죄인임을 아는 것은 은혜받은 것입니다. 성경은 "내 형제들아 영광의 주 곧 우리 주 예수 그리스도에 대한 믿음을 너희가 가졌으니 사람을 차별하여 대하지 말라"약 2:1고 직설적으로 권합니다. 겉으로만 보고 사람을 평가하지 말라는 겁니다.

2절은 삭개오라 이름하는 사람의 외형적 기술을 담고 있습니다. 구원받기 이전의 그에 대한 묘사입니다. 구원받지 않고도 좋은 이름, 지위, 많은 재산을 소유할 수 있음을 성경은 보여 줍니다. 그런데 구원받는 자리에 나아와서도 이런 것들에 연연하는 것은 크게 잘못된 모습입니다. 나아가서 그런 것만 주어지면 '만고땡'인 듯이 살아간다면 비극입니다. 구원이 그런 것을 획득하는 것인 양 착각하지 마십시오. 좋은 이름, 높은 지위, 많은 재산을 확보하기 위해 우리가 여기에 나온 것이 아닙니다.

기독교의 구원은 한 사람이 불리는 이름과 아무런

상관이 없습니다. 삭개오란 이름의 뜻은 "그 의로운 자"입니다. 종교적인 이름입니다. 거룩한 의미를 담고 있습니다. 그러나 우리에게 알려진 삭개오의 삶은 그 이름과 판이합니다. 이처럼 그 사람이 누구라고 불리든지 그것과 기독교의 구원은 관련이 없는 것입니다.

우리가 예수 믿기 전에는 무슨 김 씨였는지, 무슨 박 씨였는지, 무슨 이 씨였는지가 중요했습니다. 세상은 가문을 내세우기 좋아하기 때문입니다. 그러나 예수 그리스도 안에 들어온 사람에게는 그것이 더 이상 중요하지 않습니다. 아직 예수 그리스도의 구원을 맛보지 못한 자들은 그 사람이 어느 학교 출신인지를 중요하게 생각합니다. 그 사람이 나하고 친척 관계인지, 나하고 동문인지, 동향인지에 따라 세상은 사람을 다르게 대우합니다.

그러나 기독교의 구원은 이 모든 범주를 초월하게 만듭니다. 기독교인은 사람을 만나면 이 분이 나와 함께 하늘의 본향을 향해 걷고 있는 이인지, 혹은 나를 통해 새로운 삶을 누려야 할 이인지를 중요시해야 합니다.

미국 청교도 중에 유명한 매튜 헨리Matthew Henry라는 사람이 있습니다. 그의 주석이 십여 년 전에 한국어로 번역되어 나왔을 정도로 유명한 사람입니다. 그런데 그에 못지않게 유명한 것이 매튜 어머니의 이야기입니다. 그녀는 결혼하기 위해 후에 매튜의 아버지가 될 사람을 부모님께 데리고 갔습니다. 그녀의 아버지는 그가 어디 출신인지 물었습니다. 그러자 그녀가 이렇게 대답했습니다.

> 나는 그가 어디 출신인지 모릅니다. 이 세상과 함께 지나 가버리는 것은 그리 중요하지 않습니다. 이 세상과 함께 없어질 것은 기독교 구원을 가늠하는 척도로 사용될 수 없기 때문이에요.

어머니의 신앙이 이렇게 훌륭하니 그 아들 매튜 헨리도 그렇게 훌륭한 목사가 된 것입니다. 신앙인들에게 이 세상과 함께 지나가는 것은 중요하지 않습니다. 더군다나 이 세상과 함께 지나가는 것은 기독교의 구원을 가늠하는 척도로 사용될 수 없습니다.

나아가 우리는 우리가 속한 교파까지도 때로는 상대화해야 합니다. 오해하지 마십시오. 저는 저희 교단을 시작할 때 쓰신 하나님의 종들을 사랑하며, 그들이 이루고 싶어한 꿈을 사랑합니다. 그러나 단순히 이 교단에 속해 있다는 그 사실이 구원을 보장하지는 않습니다. 우리 교단이라고 모두 구원을 받고 타 교파에 속했다고 구원이 없다고 말할 수는 없습니다. 우리가 무슨 파에 속한 사람이라고 해도 그 자체가 나를 안전지역으로 옮겨 놓지는 못합니다.

더 나아가서 우리가 공통으로 불리는 '예수 믿는 사람,' 즉 '기독교인'이란 이름도 꼭 우리를 구원받은 사람으로 분류시킬 수 없습니다. 1천 만이란 사람들이 자신을 기독교인이라고 분류하고 있지만, 그들 모두가 구원을 받았다고 할 수는 없지 않습니까?

주님이 1천 만을 헤아리는 우리나라의 성도들 앞에서 설교를 하신다면 그들을 향해서 서두에 인용한 경고눅 13:28를 또다시 분명하게 하실 것입니다. 이처럼 우리가 무엇이라고 불리고 있는지가 우리가 하나님 앞에서 누구인지를 나타내는 것은 아닙니다.

또한, 기독교의 구원은 신분이나 직책과 아무런 상관이 없습니다. 그러나 세상에 속한 사람은 이를 중시합니다. 교회 안에서도 때로는 세상의 사조가 들어와서 직함을 따라 사람을 평가하려 합니다.

세무서의 예를 들자면 세상에 속한 사람들의 눈에는 세무서장인지 세무원인지가 중요시되고, 거기 따라 사람을 대우합니다. 우리 사회에서 경찰서장인지 방범대원인지, 대학 학장인지 수위인지에 따라 사람을 평가하려 드는 것은 일상적인 일입니다. 그러나 교회에서는 달라야 합니다. 목사란 직책도 나를 구원받을 사람으로 만들지는 못합니다. 마찬가지로 여러분이 가진 집사, 권사, 장로란 직분이 여러분이 구원받을 자라는 사실을 보증하는 것은 아닙니다. 그 직책이 나를 구원받을 자로 만들지 못합니다. 구원이란 이와 같은 것들과 동일시 될 수 없습니다.

세무서장이란 직위도 삭개오를 만족시키지 못했습니다. 삭개오는 세무서장에서 국세청장의 지위를 바라고 예수님을 만나려 한 것이 아닙니다. 주님이 주시는 구원은 승진이 줄 수 있는 성취감 정도가 아닙니다. 그와는 비교할 수 없는 감격스러운 사건입니다. 그러므로 우리가 지금 맡은 직분과 상관없이 진정한 구원이 무엇인지를 생각해 볼 필요가 있습니다.

또한, 기독교인의 구원은 개인이 가지고 있는 재산의 양으로도 결정되지 않습니다. 아니 정확히 말하면 재물이 줄 수 없는 만족을 기독교의 구원에서 느낄 수 있습니다.

삭개오는 좋은 이름을 가졌고, 높은 지위를 가졌고, 많은 재물을 소유했습니다. 그러나 이것들이 삶의 만족을 줄 수 없음을 그는 너무나 잘 알았습니다. 그는 낭패와 실망을 겪은 뒤에, 주께로 나온 부류의 사람이 아닙니다. 그는 여리고에서 승승장구하는, 지위와 재물로 볼 때는 남부러울 것이 없는 사람이었습니다. 삭개오, 그는 정말 "낙타가 바늘귀로 통과하는 것"마 19:24, 막 10:25, 눅 18:25같이 구원을 받을 여지가 없던 부자였습니다. 그러나 삭개오는 모든 것이 자기 수중에 있었지만, 그것들이 자기 영혼을 만족하게 할 수 없다는 사실 때문에 예수가 누구신지 만나고 싶어 했습니다.

세상이 주는 것으로 만족하지 못한다면, 그 또한 은혜

어려울 때 교회에 다니기 시작해서, 생활이 나아지기 시작하는 것과 구원을 혼동하는 사람들이 종종 있습니다. 물론 주님을 잘 믿는 사람들에게 세상에 사는 날 동안 하나님께서 축복해 주시는 것은 사실입니다. 제가 아는 어떤 분은 복음전도가 사회에 미치는 영향에 대해 박사학위 논문을 썼습니다. 그분이 내린 결론은 예수 믿고 난 뒤에 새벽기도하고, 술, 담배를 끊으니 경제적으로 잘살게 되더라는 것입니다. 제 말이 믿어지지 않으면 100년 넘은 역사를 가진 한국교회를 찾아가 믿음의 1세대들의 자녀들과 그 마을의 믿지 않던 후손들과 비교해보면 쉽게 알 수 있을 것입니다. 그러나 그것이 중요한 이유나 중심적 자리를 차지하게 되는 것은 분명히 잘못된 것입니다.

교회에 다닌 이후에 더 잘살게 되었다는 것이 꼭 구원을 받은 증거라고 할 수 없습니다. 부자인 삭개오가 주님을 찾아 나온 것을 보면 경제적인 부가 구원의 척도가 될 수 없음을 잘 보여 줍니다. 적극적으로 생각해보면 주님이 주시는 구원은 삭개오가 그때까지 얻지 못했던 어떤 것이었습니다.

저는 이 나라에서 가장 부자가 누구인지 모릅니다. 중요하다고 생각하지도 않습니다. 아무리 많은 부를 축적해도 우리를 창조하신 하나님이 우리 마음에 없으면 우리는 공허함을 느낍니다.

제가 건강이 안 좋아져서 시골에서 살고 있는데 좋

은 것이 참 많습니다. 사람들이 어떤 것을 물었을 때 촌에서 와서 잘 모른다고 하면 용서를 해 주기도 합니다. 그리고 집 근처에 한 시간, 두 시간, 세 시간 코스로 마음대로 돌 수 있는 등산코스가 있습니다. 저는 밥 먹고 난 후에 그날 스케줄에 따라 코스를 고르기만 하면 됩니다.

세계 최고의 강대국인 미국이 아무리 돈이 많아도 텍사스 사막에다 대한민국에 있는 산을 만들 수는 없습니다. 빌 게이츠Bill Gates가 아무리 돈이 많아도 제가 밥 먹고 난 뒤에 다니는 오솔길이 있는 정원을 가질 수는 없습니다. 폭포가 시원찮아서 제가 '쫄쫄 폭포'라고 이름을 짓기는 했지만, 가는 길에 폭포도 있으니 얼마나 멋있는지 모릅니다. 하나님께서는 제가 날마다 그것을 누리도록 해주십니다. 6년이나 산책을 다녀도 마을 사람들을 그 길에서 만난 적이 없을 정도로 고요한 곳입니다. 하나님은 제가 그것들을 누릴 수 있는 특권을 주셨습니다. 창조주 하나님을 만나면 이처럼 모든 것이 다 감사합니다.

여러분이 누구든지 간에 설사 아무리 많은 재산을 가지고 있더라도 창조주 하나님을 자신의 아버지로 부르기까지 여러분은 만족할 수 없습니다. 요즘 롯데그룹의 부자간, 형제간 싸움을 보고 있지 않습니까? 그런데 우리 자녀들은 아버지를 잘 만나서 싸울 일이 없습니다. 자기들이 알아서 살아가면 되기 때문입니다.

우리 둘째 아들은 초등학교 4학년 때 한국에 들어왔는데 그 4학년 학생의 눈에도 한국의 교육문제가 얼마나 형편 없었는지, 그때부터 늘 하는 말이 '이 땅의 아이들'이 너무 불쌍하다는 것입니다. 초등학교 4학년만 돼도 대한민국 교육의 문제를 볼 수가 있습니다. 그런 아이가 중학교 다닐 때는 일선에 서는 교사가 될 것인지 교육행정가가 될 것인지 고민하였습니다. 그리고 소신껏 지원해 서울대 교육학과에 들어갔습니다. 잠시 만화가가 되고 싶은 마음도 있었지만, 졸업 후엔 결혼을 해서 지금은 직장에 다니고 있습니다. 그 아이가 지금은 진짜 불쌍한 아이들이 '저 땅'에 있다고 말하곤 합니다. 그래서 아들 부부는 하나님께서 보내실 때 동남아시아든 아프리카이든 '저 땅의 아이들'을 섬기러 가겠다고 말하고 있습니다.

세상 것은 아무리 많이 가져도 공허할 수밖에 없습니다. 그런 것들이 주는 일시적 성취감으로 근본적인 공허감을 견딜 수 없게 되었다면, 이것이 진정 하나님의 은혜입니다. 세상 것이 주는 성취감으로 만족하지 못한다면, 이것이 정말 하나님 은혜의 결과입니다. 지금까지 성취한 모든 것이 더 깊은 공허감을 안겨주었다면, 이것이 정말 하나님의 은혜입니다.

저는 하나님이 제가 섬기는 울산교회 성도들을 참 사랑하신다는 것을 믿습니다. 왜냐하면, 저 같은 설교자를 세우셔서 주일마다 말씀을 듣게 하시는 것이 얼마나 큰 은혜입니까? 제가 울산교회를 목회할 교회로 선물 받았으니 제게도 큰 은혜이지만, 반대로 성도들도 큰 은혜를 받았다고 생각합니다.

나이가 드니 이제 저에겐 큰 꿈은 없습니다. 아내에게 좋은 남편이 되는 소원이 남아있을 뿐입니다. 다른 여자들이 젊든지 예쁘든지 신경 쓸 것이 없습니다. 남자들은 10대에도 예쁜 여자, 30대에도 예쁜 여자, 50대에도 예쁜 여자, 80대 할아버지가 돼도 예쁜 간호사가 지나가면 쳐다본다는 이야기가 있습니다. 그런 여자는 여러분들이 신경 쓸 대상이 아닙니다. 결혼식 주례사 시간에 "예"라고 선서하지 않았습니까? 남편으로서 한 아내에게만 만족하는 좋은 남편이 되었으면 좋겠다는 생각을 지켜나가는 것이 쉽지 않다는 것을 우리는 압니다. 우리는 어쩔 수 없이 아담의 후예라는 것, 그리고 그녀의 그 많은 꿈을 우리는 다 이룰 수 없는 죄인이라는 것을 느낍니다. 어쨌거나 세상이 주는 것 가지고 만족할 수 없다는 것을 느낀 사람이라면 우리는 정말 은혜받은 사람입니다.

현대사의 큰 사건의 현장에 기자로 활약했던 영국의 언론가 말콤 머거리지Malcolm Muggeridge는 그의 노년에 《20세기의 증언》A Twentieth Century Testimony이라는 책을 썼습니다. 그는 자기가 그처럼 추구했던 명예나 그 외 세상 모든 것은 모두 "티끌을 핥는 것에 불과하다"고 고백했습니다. 성 어거스틴St. Augustine도 "하나님이여, 당신이 우리를 지으셨기에 우리 마음은 당신 안에서 안식을 얻기까지 쉼을 얻지 못하나이다"라고 고백했고, 블레즈 파스칼Blaise Pascal도 "하나님께서 우리를 지으셨을 때 만드신 공백은 하나님만으로 채울 수 밖에 없다"고 고백했습니다.

종교적 열심이 구원의 보증은 아닙니다

삭개오 역시 이런 모든 것을 가졌으면서도 만족할

수 없었기에 "예수께서 어떤 사람인가"^눅 19:3 하며 보고자 했습니다. 예수께서 누구신가 하여 만나보고 알아보고 싶어 했습니다. 그러나 그가 나선 길에는 예루살렘을 향해 유월절을 지키러 가는 사람들로 가득했습니다. 온 길이 메워지도록 많은 사람 가운데 예수님이 오고 계셨습니다. 키가 작은 삭개오가 예수님을 만날 가능성은 점점 사라져 갔습니다. 쳐다보는 것조차 불가능했습니다.

그런데 삭개오는 여리고 세리장이니 머리가 좋았습니다. 앞으로 달려가서 예수께서 지나가는 길목 나무 위에 올라갈 생각을 해낸 것입니다. 예전에는 이 나무를 뽕나무라고 했는데 요즘에는 돌감람나무라 말합니다. 사실 뽕나무든 돌감람나무든 중요하지 않습니다.

그런데 여기에 모인 이 사람들이 누구입니까? 유월절을 지키려고 예루살렘으로 가는 유대 종교인들입니다. 1년에 3차례에 걸쳐 예루살렘에 올라가야 한다고 믿는 사람들입니다. 모두가 열심 있는 이들입니다.

그러나 기독교의 구원은 종교적 열심과 동일시 될 수 없습니다. 신앙의 열심으로 말하면 한국의 기독교인들을 능가하는 민족이 없습니다. 서울의 한복판인

여의도에서 수많은 사람이 운집해 비를 맞아가면서 밤이 지나도록 하늘의 하나님을 향해 부르짖었던 것은 2000년 역사, 아니 인류역사에서 한국 땅이 유일했다는 것 아십니까? 그래서 아직도 하나님은 대한민국을 붙들고 계십니다. 하나님의 눈은 여전히 대한민국에 있다는 것을 알아야 합니다.

제 책상에는 제헌국회의 제1차 회의에서 감리교 목사이자 제1대 국회의원이었던 이윤영이 드린 기도문이 있습니다. 우리나라처럼 제헌국회가 열릴 때 그렇게 아름다운 신앙의 고백으로 시작된 나라는 없습니다. 나라가 시작되는 날을 가리켜 개천절開天節, '하늘이 열리는 날'이라고 표현한 나라가 세상 어디에 있습니까? 이는 누가복음 3장 21절에 나오는 표현입니다.

> 백성이 다 세례를 받을새 예수도 세례를 받으시고 기도하실 때에 하늘이 열리며

여러분 영화 국제시장을 보셨지요? 선지자들은 칼과 창, 무기로 농기구를 만드는 새로운 시대가 올 것이라고 내일을 예언하고 노래했지만, 일본이 떠난 자리

에는 같은 민족인 남과 북의 처절한 전쟁이 기다리고 있었습니다. 그러나 한국전쟁이 일어나고 1·4후퇴 때 흥남부두에서 메러디스 빅토리Meredith Victory호는 생명을 살리기 위해 실려 있는 무기를 버리고 거기에 사람을 태웠습니다. 이 또한 세계 역사에서 유래를 찾기 힘든 일입니다.

우리가 매 주일 예배를 드릴 때마다 편안한 가운데서 예배드릴 수 있는 것을 감사합니다. 이제 마지막 추수를 위해서 하나님께서 이 민족을 사용하고 싶어 합니다. 교회가 교회다워지고, 예배가 예배다워지고, 성도가 성도답게 살면 하나님이 우리를 붙들어주실 것입니다.

기독교의 구원은 종교적 열심과 동일시 될 수 없습니다. 우리만큼 새벽기도를 열심히 하는 나라는 없습니다. 우리만큼 헌금을 많이 하는 나라도 없습니다. 그러나 종교적 열심이 구원을 보장하지는 않습니다.

제가 8년간 유학했던 남아프리카 개혁교회의 성도들은 교회를 위해 자기 수입의 5%를 헌금합니다. 우리는 십일조뿐만 아니라 건축헌금, 그리고 또 다른 헌금도 합니다. 이렇게 '열심'을 가지고 말하면 대한민국을 능가할 나라는 어디에도 없습니다.

그런데 때론 종교적 열심이 오히려 참 구원의 장애물이 되기도 합니다. 진정한 구원을 누린 사람들은 대개 열심이 있기 마련입니다. 그러나 종교적 열심 그 자체로는 구원의 보증이 될 수 없습니다. 오히려 자기 나름대로의 열심은 구원의 방해물이 되기도 합니다.

"그들이 하나님께 열심이 있으나 올바른 지식을 따른 것이 아니니라"롬 10:2고 바울이 증거 했던 유대인 같이 될 수 있습니다. 진리에 부합하지 않는 열심은 열심을 낼수록 신자들을 구원으로부터 멀어지게 합니다. 그들은 자기의 자기 된 것으로 만족하기 때문에 그 이상을 추구하지 않습니다.

그리스도 없이 자기 나름의 종교생활로 이미 배불러 있는 사람은 진실로 불행한 자입니다. 거짓을 참으로 알고 있는 자는 진리를 모르고 있음을 스스로 인정하는 자에 비해 구원에서 더 멀리 떨어져 있는 자들입니다. 거짓을 진리로 알고 아무리 열심을 내어도 점점 더 멀리 떠나갈 뿐입니다.

그러므로 열심 그 자체는 구원의 보증일 수가 없습니다. 열심 그 자체로 말하면 우리나라의 기독교인을 능가할 나라나 민족이 없지만, 열심 그것이 우리가 하나님의 선을 이루고 있다는 보증은 되지 못합니다.

수군거리는 사람들

기독교의 구원은 대의명분을 위한 투쟁이 아닙니다. 오늘 이처럼 혼돈스럽고 공허하고 흑암이 깊음 위에 있는 우리나라의 상황은 여러 가지 측면에서 비판의 여지를 가져다줍니다. 그래서 오늘의 젊은 지성인들은 때로는 기독교의 이름으로 항의하고 이념을 내세우는 것과 기독교의 구원을 혼동하기도 합니다. 의식 있는 기독교인이 되는 것이 부조리한 현실을 비판하는 것인 양 착각합니다. 이는 오늘 읽은 7절에 나오는 "수군거리는" 사람들과 크게 다르지 않습니다.

자기의 이념이나 주의와 맞지 않을 때 소극적으로 수군거리고, 적극적으로 데모를 할 수도 있습니다. 그러나 그 참여 의식만으로 구원받은 증거는 아닙니다.

물론 반대로 모든 사회적, 구조적 악에 대한 침묵만이 좋은 그리스도인이 되는 것은 아닙니다. 구원을 향해 나아가는 이들의 눈은 악의 원인으로 자신을 보는 자들입니다. 자기 안에 모든 사회적 악의 요소가 내재

되어 있음을 알고 그리스도로 말미암은 구원을 찾는 자들이 구원을 받은 자들입니다.

이들은 "내 속 곧 내 육신에 선한 것이 거하지 아니하는 줄을 아노니 원함은 내게 있으나 선을 행하는 것은 없노라"롬 7:18고 탄식하는 자입니다.

또한 "내 속사람으로는 하나님의 법을 즐거워하되 내 지체 속에서 한 다른 법이 내 마음의 법과 싸워 내 지체 속에 있는 죄의 법으로 나를 사로잡는 것을 보는도다"롬 7:22-23라는 말씀 속에 나를 사로잡는 것을 보는 자입니다.

결국 "오호라 나는 곤고한 사람이로다 이 사망의 몸에서 누가 나를 건져내랴"롬 7:24고 외마디 절규를 하는 자입니다. 이렇게 절규하는 자만이 예수님께서 어떤 사람인가 보고자 합니다. 그리고 예수님을 보려고 앞으로 달려나갑니다. 알아보려고 나무 위에라도 올라가는 자입니다.

청년의 때, 창조주 하나님을 만나시기 바랍니다. 나이가 들면 자기 내면세계를 보는 눈을 가져야 합니다. 어릴 때는 외부만 보고 삽니다. 크면서 사람은 내면의 성찰을 시작합니다. 자기 내면을 보는 눈을 가져야 위를 보는 시각을 가지게 됩니다. 하늘을 바라보게 됩니다. 내면의 고민을 아는 자가 하나님이 보내신 구원자를 절실히 요청하게 됩니다.

예수 더 알기 원하네

여러분! 여러분의 마음속에는 주님을 알고 싶은 소원이 가득했던 적이 있었습니까? 여러분의 마음에는 지금도 주님을 더욱 알고 싶은 소원이 있습니까? 그 소원이 여러분을 이 자리에 오시도록 했습니까?

> 예수 더 알기 원하네
> 크고도 넓은 은혜와
> 대속해 주신 사랑을
> 간절히 알기 원하네
> 내 평생의 소원
> 내 평생의 소원
> 대속해 주신 사랑을
> 간절히 알기 원하네 찬송가 453장

이 찬송을 여러분의 중심에서 부른 적이 있다면, 그

리고 아직도 부를 수 있다면 여러분은 그리스도인입니다. 구원을 경험한 자는 "예수가 누구신가 하여" 알고 싶은 소원이 그 안에 언제나 있는 자입니다.

아니, 이 순간에라도 이 찬송을 함께 부르신다면 주님은 당신 자신을 나타내실 것입니다.

**아버지께서 내게 주시는 자는 다 내게로 올 것이요
내게 오는 자는 내가 결코 내쫓지 아니하리라** 요 6:37

**영생은 곧 유일하신 참 하나님과 그가 보내신 자
예수 그리스도를 아는 것이니이다** 요 17:3

사랑하는 여러분, 자기의 참모습을 보고 하나님이 보내신 구원자를 찾는 복된 기회가 되기를 바랍니다.

2. 한 만남

예수께서 그 곳에 이르사 쳐다 보시고 이르시되 삭개오야 속히 내려오라 내가 오늘 네 집에 유하여야 하겠다 하시니 급히 내려와 즐거워하며 영접하거늘

눅 19:5-6

변함없이 예배의 자리를 사모하는 여러분! 그 날 여리고에서 있었던 일은 성도들에게는 잊을 수 없는 사건입니다. 예수께서 여리고로 들어가 지나가실 때 일어난 사건은 삭개오와 함께 동일한 구원을 받은 성도들에게는 항상 새로운 의미가 담겨 있습니다.

 여러분은 이 이야기에 감동하고 있습니까? 이 이야기에 감동하는지 그렇지 않은지는 여러분이 누구인지를 말해 줍니다. 왜냐하면, 성도들에게 한 사람이 주님을 만난 이야기만큼 더 감동적인 이야기는 없기 때문입니다.

 그렇기 때문에 삭개오가 주님을 만났다는 것이 우리에게 단순히 남의 이야기일 수 없습니다. 그것은 다른 사람의 이야기가 아닙니다. 바로 내 형제가 나와 같이 영광의 주님을 만난 이야기이기 때문에 우리는 이 이야기를 흘려 들어서는 안 됩니다.

앞장에서 우리는 삭개오 한 사람을 통해서 무엇이 구원이 아닌지를 살펴보았습니다. 단지 그리스도인이란 이름이 구원을 입증하지 않습니다. 집사, 권사, 장로, 목사란 신분도 구원을 보증하지 않습니다. 축복이란 이름으로 늘어난 재산도 구원을 보장하지 않습니다. 종교적 열심 그 자체가 구원을 보장하지 않습니다. 대의명분을 위한 투쟁, 그것이 구원의 증표가 아닙니다.

성경이 말하는 구원은 이런 외형적인데 있지 않습니다. 성경에서 주님이 주시는 구원은 내면으로부터 시작합니다. 이 구원은 "예수께서 누구신가 하여 보고자 하는" 그 내면의 욕구로부터 배태胚胎(일의 원인을 속으로 가짐)됩니다. 3절을 보십시오. 이 구원은 "보기 위하여 앞으로 달려가는 자"에게서 실현됩니다. 이 구원은 보기 위해서라면 나무 위에라도 올라가는 자에게 성취됩니다.

여러분은 예수께서 누구신가 하여 알고자 하는 소원이 있습니까? 여러분의 삶에 주님을 알고 싶어 하는 그 마음이 있었습니까? 한 번 그 마음을 가졌던 분들은 그 생애의 나날이 이 소원으로, 이 하나의 소원으로 가득해 있어야만 합니다. 그것이 구원받은 신자의 건강한 모습입니다.

바울을 보십시오. 빌립보서 3장 10-11절에서 바울은 "내가 그리스도와 그 부활의 권능과 그 고난에 참여함을 알고자 하여 그의 죽으심을 본받아 어떻게 해서든지 죽은 자 가운데서 부활에 이르려 하노니"라고 고백합니다. 그는 그리스도를 알고자하는 평생의 소원을 가지고 있습니다.

조심하십시오. '나도 옛날에는 너희처럼 열심을 내었다'고 말하는 것은 신자의 바람직한 모습이 아닙니다. 한때 주님으로부터 온 열심을 가졌다면 그 열심은 세상을 사는 날까지 한 순간도 사라질 수 없습니다. 아니, 저 천국에 가서 주님을 직접 대면할 때에도 그 열심은 성도의 마음 속에 있을 것입니다. 주님을 더 알고자 하는 욕망, 그것은 영원할 것입니다.

잃어버린 자에게 찾아오신 구주

누가복음 19장 5-6절을 보면 이 말씀 속에 구원의

본질이 나타나 있다는 것을 알 수 있습니다. 구원의 본질은 바로 '인격적인 만남'입니다. '잃어버린 자'와 '찾아오신 구주'의 만남이 구원의 핵심입니다. 오늘 우리는 이 구원의 핵심을 살펴보면서 하나님이 우리에게 하시고자 하는 말씀에 귀 기울입시다.

여기 5절은 "예수께서 그곳에 이르사"라고 말하고 있습니다. 그곳이 어디입니까? 좋은 이름으로 만족할 수 없는 인생이 있는 자리를 말합니다. 그곳에 예수께서 오셨습니다. 높은 지위로 행복할 수 없는 인생의 목마름이 있는 곳에 예수께서 오셨습니다.

하나님의 형상대로 지음을 받았다는 그 놀라운 사실 때문에, 그 놀라운 축복 때문에, 하나님 아닌 그 어떤 것으로도 만족할 수 없는 사람이 있는 곳에 예수께서 오셨습니다. 영혼의 갈증을 느끼도록 하신 성령님에 의해 이끌림을 받아 나아온 그 자리에 지금 주 예수께서 오셨습니다.

잃어버린 자를 찾아 세상에 오신 구주께서 여리고에 오셨고, 지금 삭개오가 있는 바로 그 나무 아래로 오셨습니다. 그러기에 삭개오가 어떤 마음으로 이 자리에 나왔는지는 정말 중요합니다.

예수께서 어떠한 사람인가 보고자 하여

왜 여러분은 여기에 나왔습니까? 집사, 권사, 장로란 직분 때문에 나왔습니까? 축복이란 경제적 혜택을 바라고 여기에 나왔습니까? 아니면 관습으로 예루살렘을 향해서 올라가던 그 많은 무리처럼 연례행사 참여를 위해서 오셨습니까?

오직 하나의 이유만이 저와 여러분에게 있어야 합니다. "예수께서 어떠한 사람인가 보고자 하는"눅 19:3 그 이유 때문에 여러분은 이곳에 오셨어야 합니다. 그분을 만나기 위해서만 오셔야 합니다. "대속해 주신 사랑을 간절히 알기 원하여"찬송가 453장 여기 모여야만 합니다.

주님은 그런 심정을 가진 자가 있는 곳이면 지금도 지나쳐 가지 않으십니다. 주님은 그런 자들을 만나주시려 세상에 오신 분입니다. 그렇다면 그때와 마찬가지로 지금도 그런 자들이 모인 곳을 지나쳐 가시지 아니하실 것입니다. 만나고자 하는 마음으로 나와 있는 모든 영혼을 만족시켜 주실 것입니다.

그러기에 그런 마음으로 나아와 함께 예배하는 곳에는 언제나 놀라운 사건이 일어날 수 있습니다. 그 사건이 일어나기를 함께 마음 졸여 기다리는 곳이 바로 예배하는 장소입니다. 여기는 결코 지루한 곳이 아닙니다. 여기는 결코 자주 시계를 보는 곳이 아닙니다. 여기는 우리 가운데서 역사하실 하나님의 그 놀라운 구원을 체험하기 위해서 그 하나님 영광의 옷자락을 만져보기 위해서 나아온 사람들이 모인 곳이어야 합니다.

우리 주님은 기다리는 자를 만나 주십니다. 우리 주님은 자기를 바라는 자를 결코 실망시키지 않습니다. 주님은 성경에서 "누구든지 그를 믿는 자는 부끄러움을 당하지 아니하리라"롬 10:11고 거듭거듭 약속하고 있습니다. 여러분이 예배를 마치고 돌아갈 때, 얻은 것이 없이 돌아가게 되어 마음이 우울해지면 설교자들만의 탓이라고 생각하지 마십시오. 때로는 저 같은 설교자를 통해서도 주님은 당신의 백성을 만나주십니다.

여러분 앞에 서는 설교자는 여러분의 소원을 채워주기에 부족한 자입니다. 전혀 합당하지 못한 자일 수도 있습니다. 여러분을 만족시켜 주실 수 있는 분은 오직 주님 한 분뿐이십니다. 그분은 아직도 "자기를 향해 전심으로 바라는 자를"대하 16:9 찾고 계십니다. 여러분이 삭개오와 같은 심정을 가지고 있으면 나무 위든지, 군중 속이든지, 혹은 이 예배당 안이든지, 어디서든지 여러분을 만나 주시고 싶어 하는 분은 바로 우리 구주 예수님이십니다.

하나님은 선지자 이사야를 통해서 지금 여러분을 부르고 계십니다.

> 오호라 너희 모든 목마른 자들아 물로 나아오라 돈 없는 자도 오라 너희는 와서 사 먹되 돈 없이, 값 없이 와서 포도주와 젖을 사라 너희가 어찌하여 양식이 아닌 것을 위하여 은을 달아 주며 배부르게 하지 못할 것을 위하여 수고하느냐 내게 듣고 들을지어다 그리하면 너희가 좋은 것을 먹을 것이며 너희 자신들이 기름진 것으로 즐거움을 얻으리라 너희는 귀를 기울이고 내게로 나아와 들으라 그리하면 너희의 영혼이 살리라 사 55:1-3

> 너희는 여호와를 만날 만한 때에 찾으라 가까이 계실 때에 그를 부르라 악인은 그의 길을, 불의한 자는 그의 생각을 버리고 여호와께로 돌아오라 그리하면 그가 긍휼히 여기시리라 우리 하나님께로 돌아오라 그가 너그럽게 용서하시리라 사 55:6-7

하나님은 당신의 약속을 지키십니다. 여러분과 저는 신실하지 않지만, 그분은 신실하십니다. 그분은 우리가 잘못된 생각을 버리고 나아올 때, 널리 용서하시리라고 성경에 약속합니다.

여러분! 하나님께서 얼마나 널리 용서하시는지 여러분이 그리스도인이라면 잘 알 것입니다. 바로 저와 여러분 같은 자들을 용서하신 그 용서에서 우리는 하나님 아버지의 넓은 용서의 폭을 헤아려 볼 수 있습니다.

예수께서 그 곳에 이르사 쳐다 보시고

5절 말씀은 예수께서 그곳에 이르사 자기에게 나아온 삭개오를 "쳐다 보셨다"고 말합니다. 예수님이 그곳에 오셔서 눈을 들어 삭개오를 쳐다보셨습니다. 인격적인 만남, 그 첫 요소는 바로 여기에 있습니다. 인격적인 만남은 눈과 눈이 서로 만나는 것입니다. 다가오는 무리 가운데서 예수님을 찾고 있는 삭개오의 눈과 잃어버린 자를 찾아 나선 구주의 눈이 서로 만나는 순간에 구원의 불꽃은 타오르기 시작합니다.

구주 예수 그리스도의 동공 속에 삭개오의 모습이 떠오를 때, 잃어버린 자 된 삭개오의 열망하는 눈망울

속에 주님이 나타날 때, 사랑의 강한 전류가 흐르는 것입니다. 그러나 이 인격적인 만남은 눈과 눈의 만남으로만은 만족할 수 없습니다.

그래서 주님은 "삭개오야"하고 부르십니다. 구원은 주님이 먼저 불러주심으로 전개됩니다. 바로 그분은 "아담아 네가 어디 있느냐"창 3:9하고 동산 나무 사이에 숨어 있는 최초의 잃어버린 자, 아담을 부르신 하나님이십니다.

그 하나님은 오늘 이 자리에 나와 있는 우리 한 사람 한 사람의 이름을 부르셨으며, 지금도 부르고 계십니다. "삭개오야"하신 것처럼 부르십니다. 그러면 우리는 "주님"하고 대답해야 합니다. 성경은 이 대답을 한 사람을 가리켜 '구원받은 자'라고 합니다.

교회에 10년을 나왔든지 20년을 나왔든지 상관없습니다. 바로 이 순간에라도 내 이름을 부르시는 주님을 향해서 "주님, 제가 여기 있습니다"하고 대답하는 사람을 가리켜 성경은 그리스도인이라고 합니다.

그런 면에서 한국교회는 용어를 정확하게 사용하고 있지 않습니다. 우리는 교회에 처음 나온 사람들을 '초신자'라고 합니다. 이 경우 일본교회가 우리보다 훨씬 더 정확한 표현을 쓰고 있습니다. 일본교회는 처음 교회에 나온 사람들을 '구도자'求道者라고 부릅니다. '도를 구하는 사람'이라는 의미로 아직 도를 얻지 못했지만, 도를 향해 나아가는 사람을 뜻합니다.

한국교회에서 말하는 초신자는 '처음 믿는 자', 즉 이미 신자가 되어 주님을 만난 자입니다. 도를 구하는 자가 아니라 이미 득도한 사람입니다. 주님을 인격적으로 만난 자입니다. 하지만 우리는 나오기만 하면 초신자라고 부르기 때문에 사람들은 교회에 몇 번 나오고, 찬송가 몇 곡 부를 수 있게 되고, 기도 좀 할 수 있게 되면 자신이 신자라고 생각합니다. 그러나 실제로는 신자는 그렇게 맹숭맹숭하게 되는 것이 아닙니다. 신자가 되는 것은 천지개벽과 같은 사건입니다. 눈물인지 콧물인지 알 수 없는 것이 흐르는 감격의 순간이 우리 가운데 있어 인격적으로 주님을 만나야 비로소 신자가 되는 것입니다.

사도 요한은 이렇게 증언합니다.

> 사랑은 여기 있으니 우리가 하나님을 사랑한 것이 아니요 하나님이 우리를 사랑하사 우리 죄를 속하기 위하여 화목 제물로 그 아들을 보내셨음이라 요일 4:10

우리가 하나님을 사랑한 것이 아니란 말씀입니다.

하나님께 대답해야 할 책임

여러분! 삭개오의 마음속에 그 좋은 이름으로, 그 높은 지위로, 그 많은 재물로 만족하지 못하도록 하신 분이 누구인지 아십니까? 우리 주위의 많은 사람은 그런 것들로 만족하고 있습니다. 그러나 우리가 그런 것들로 결코 만족하지 못하게 하신 분이 누구십니까?

우리는 삭개오란 이름이 아니어도, 세리장이란 직책이 아니어도, 그만한 부자가 되지 못해도 자족하는 인생들을 봅니다. 그러나 왜 삭개오는 남들이 부러워할 만한 것들을 다 갖고서도 "예수께서 누구신가 하여" 알아보고 싶은 마음이 생겼습니까? 그것은 그 안에 성령께서 이미 역사하셨기 때문입니다. 혹시 여러분의 마음속에 예수를 알고 싶은 마음이 조금이라도 생겨났다면 그것은 이미 하나님이 여러분 안에 역사하기 시작하신 것입니다. 하나님의 역사 없이는 아무도 이 자리에 나올 수 없습니다.

인간은 타락한 이후부터 하나님을 등지는 것에 익숙해져 있습니다. 선한 것에 대해서 갈구하는 마음이 없어졌습니다. 박영선 목사님은 이것을 마치 "지렁이가 매니큐어를 찾는 것"과 같다고 표현했습니다. 각질이라고는 찾아볼 수 없는 지렁이에게 매니큐어가 필요할 일은 결코 없습니다. 죄인이 스스로 하나님을 찾는 것은 마치 지렁이가 매니큐어를 찾는 것만큼 있을 수 없는 기적입니다. 그러므로 여러분 안에 예수를 만나고 싶은 소원이 생겨났다면 이는 이미 성령께서 여러분의 마음에 역사하기 시작한 증표입니다.

사랑하는 형제자매 여러분! 여러분은 여러분의 마음속에 이미 역사하기 시작하신 그 하나님께 대답할 책임이 있습니다. 그리고 하나님의 역사에 대해서 순종해야 할 의무가 있습니다.

하나님은 사람을 지으시되 기계로 만들지 않으셨습니다. 하나님은 버튼만 누르면 원하는 대로 움직이도록 우리를 만들지 않으셨습니다. 대신 응답할 수 있는 인격자로 만드셨습니다. 하나님은 자기 아들을 세상에 보내셨습니다. 여리고로 보내셨습니다. 그 나무 아래로 보내셨습니다.

"예수께서 그리로 지나가시게 됨"눅 19:4은 필연적인 신적 작정입니다. 삭개오는 자기 안에서 역사하신 성령의 인도에 따라서 달려나가야 했습니다. 왜냐하면, 하나님이 우리를 책임적 존재로 지으셨기 때문입니다. 이와같이 우리 마음속에서 이 욕망이 있을 때 우리는 순종해야 합니다. 성령께서 우리 마음에 역사하심에 "예"라고 대답해야 합니다.

이것은 인간이 가진 놀라운 특권입니다. 하나님은 이처럼 인간을 하나님과 같이 책임적 존재로 지으셨습니다. 하나님은 당신이 구원의 길을 예비해 두시고 우리를 억지로 이끌지 않고 응답하도록 하십니다. 지금 주님은 여러분의 응답을, 여러분의 반응을 기다리십니다.

예정과 선택

하나님께서 예정하셨으면 언젠가 믿게 될 것이라고 뒷짐지고 기다리는 것은 잘못입니다. 하나님은 여러분에게 지금 영접하라고 명하십니다. 예정하신 하나님을 존귀하게 여긴다면 여러분은 그분의 명령을 존귀하게 여겨야 합니다. 달려가서 영접해야만 합니다. 영접한 이후에 논하는 것이 '예정'이란 단어입니다. 부르심에 순종하고 구원을 체험한 다음에 논할 수 있는 것이 예정입니다.

하나님의 집 대문 앞에서는 "회개하라, 돌아서라 그리하여야 구원을 얻으리라"고 쓰여 있습니다. 그 말씀에 순종하여 그 집 안으로 들어갔을 때 여러분이 돌아서고 나면 대문 안쪽에 쓰여 있는 말씀이 "내가 너를 예정하였노라"입니다. 예정은 감사와 찬양의 문맥에서만 다루고 있다는 사실을 기억하시길 바랍니다.

에베소서 1장도 마찬가지입니다.

> 찬송하리로다 하나님 곧 우리 주 예수 그리스도의 아버지께서 그리스도 안에서 하늘에 속한 모든 신령한 복을 우리에게 주시되 곧 창세 전에 그리스도 안에서 우리를 택하사 우리로 사랑 안에서 그 앞에 거룩하고 흠이 없게 하시려고 그 기쁘신 뜻대로 우리를 예정하사 예수 그리스도로 말미암아 자기의 아들들이 되게 하셨으니 엡 1:3-5

에베소서 1장에서는 바울이 찬송 가운데 우리를 택하시고 예정하시고 우리를 하나님의 아들이 되게 하셨다고 고백하고 있습니다. '선택'이라는 말은 내가 주님을 만난 것이 너무 감사해서 하는 말입니다. 이는 내 결단으로 결심으로 된 줄 알았더니 '하나님이 창세 전에 나를 선택하셨구나'하며 돌아보는 것입니다.

찬양과 감사 없이 '예정'과 '선택'이라는 단어는 쓸 수 없습니다. 예정과 선택을 말하고 싶으면 하나님께 순종하십시오. 순종하기 위해 달려가고 나무에라도 올라가시기 바랍니다.

그렇다고 해서 물론 첫걸음에 모든 것이 다 잘되리라고 낙관하지 마십시오. 때로는 여러분의 길에도 이런 저런 어려움이 생겨날 것입니다. 삭개오가 그러했듯 어처구니없이 많은 종교인에 의해서 어려움을 겪을 수도 있습니다. 참 생명의 구주를 만나 뵙고 싶어서 교회당을 찾는 사람들에게 때로는 종교인의 위선이 실망을 안겨주기도 합니다. 잘못된 종교적 열심을 가진 사람들 때문에 실망할 때가 없지 않습니다.

그러나 여기 오신 여러분들은 다른 사람, 종교인 행세를 하는 사람들 때문에 실망하고 돌아가서는 안 됩니다. 다른 사람이 아무리 많은 실망을 안겨 주더라도 여러분은 다른 사람으로 인해 만족하려고 나오지 않았다는 사실을 기억해야 합니다. 여러분이 여기에 나온 목적은 하나님을 만나기 위함입니다. 여러분은 자신의 영혼 문제를 해결하기 위해 나왔습니다. 동남풍이 불지라도, 서북풍이 불지라도 개의치 마십시오.

어떤 사람이 어떤 실망을 주더라도 거기에 신경 쓰지 마십시오. 오직 앞으로 달려나갑시다. 주님을 만날 수 있는 일이라면 무엇이든지 가리지 않고 우리는 순종해야 합니다.

속히 내려오라

누가복음 19장에서 주님은 "삭개오야"하고 부르시고는 또 말씀하십니다.

> 예수께서 그 곳에 이르사 쳐다 보시고 이르시되 삭개오야 속히 내려오라 내가 오늘 네 집에 유하여야 하겠다 하시니 눅 19:5

왜 속히 내려오라고 하셨을까요?

우리가 이 이야기를 읽어보면 주님이 그날 저녁 삭개오의 집에 들어가서 유하셨다는 것을 알 수 있습니다. 그런데 속히 내려와야 할 이유가 있었을까요? 사실 나무 위에서 속히 내려오는 것은 위험한 일입니다. 왜 그러셨을까요? 그런데 삭개오는 급히 내려옴으로써 응답했습니다. 왜 그랬을까요?

여러분 탕자의 비유를 아시지요? "아직도 거리가 먼데 아버지가 그를 보고 측은히 여겨 달려가 목을 안고 입을 맞추니"눅 15:20라는 말씀을 생각해 보십시오. 부모가 잃었던 아이를 일주일 만에, 한 달 만에 길에서 찾게 되었을 때 누구라도 자녀의 이름을 부르면서 급히 달려가지 않겠습니까?

아버지 하나님께서는 그리스도 예수를 통해 잃은 자를 보셨을 때 빨리 만나고 싶어 하셨습니다. 그래서 빨리 내려오라 하신 것입니다. "네가 있어야 할 자리는 거기가 아니지"란 말씀을 외치십니다. 외로운 인생길에, 고달픈 인생길에 지친 여러분을 보실 때 불붙는 연민의 정으로 가득한 주님의 심정이 "속히 내려오라"고 지금도 우리를 향해 재촉하십니다.

내가 오늘 네 집에 유하여야 하겠다

그러면서 "내가 오늘 네 집에 유하여야 하겠다"고 말씀하십니다. 우리가 원문의 의미를 살펴서 번역한다면, "내가 오늘 네 집에 기필코 유하여야 하겠다"가 되겠습니다. 이 말씀 속에는 주님의 강한 결단이 담겨있습니다.

"나는 오늘 반드시 네 집에 들어가야 하겠다"라고 주님은 이렇게 우기십니다. 성도는 이 주권적인 사랑의 강권함을 받은 자들입니다. "내가 오늘 네 집에 유하여야 하겠다"는 이 황송스런 제안 앞에서 몸 둘 바를 몰라 하는 자가 바로 올바른 성도들입니다. 당신은 어떻게 저와 같은 죄인과 교제하시기 원하십니까? 놀라워하며 이해할 수 없어 하는 자들이 성도입니다. 아니, "나는 죄인이니 나를 떠나 주십시오"라고 외치는 자들이 성도들입니다.

여러분, 여러분이 성도가 된 것이, 교회에서 직분을 받은 것이 당연하다고 생각하시면 아주 위험한 상태에 와 있는 것입니다. 나 같은 자가 이 생명의 말씀을 들을 수 있는 자리에 나왔다는 것을 황송해 하는 자가 그리스도인입니다.

그래서 "만 입이 내게 있으면 그 입 다 가지고 내 구주 주신 은총을 늘 찬송하겠네"^{찬송가 23장}고 노래하는 자가 성도입니다. 입을 만개나 가져도 그 입을 다 가지

한 만남 • 73

고 내 구주 주신 은총을 다 노래하기에 부족함을 느끼는 그런 자들이 모인 곳이 교회여야 합니다.

'내가 교회에 나와 주었는데 어떻게 이 교회 사람들은 나한테 관심을 보이지 아니할까? 내 딴에는 동네교회에 봉사하려고 왔는데 장로님이 왜 나를 알아주지 않을까? 열심히 섬기는데 목사님은 왜 나를 인정해 주지 않을까?' 그렇게 생각하는 사람들의 모임은 진실한 성도들의 집단이 아니라 그냥 사람들의 집단입니다. 저와 여러분은 그런 관심을 끌기 위해서 모인 것이 아닙니다.

우리는 우리를 찾아오셔서 "내가 오늘 네 집에 유하여야 하겠다"는 그 주님의 놀라운 제안 앞에 어쩔 줄 몰라서, 몸 둘 바를 몰라 하는 심정으로 나와야 합니다. 거룩하신 하나님께서 죄인인 우리와 거처를 함께 하시겠다는 송구스런 말씀 앞에 감격해 하는 자가 진정 구원받은 자입니다.

거룩하신 하나님께서 죄인인 우리에게 오셔서 유하시겠다는 말씀 속에는 우리 죄를 이미 용서하셨다는 뜻이 담겨 있습니다. 우리와 더불어 교제하겠다는 의미입니다. 더 나아가서 우리와 더불어 사귀시겠다는 의미입니다.

급히 내려와 즐거워하며 영접하거늘

이 주님의 은혜스러운 제의를 받은 삭개오를 보십시오. 급히 내려와 즐거워하며 영접했습니다.눅 19:6 삭개오에게 구원이 무엇이냐고 묻는다면, 즐거워하며 영접하는 것이라고 답할 것입니다.

> 영접하는 자 곧 그 이름을 믿는 자들에게는 하나님의 자녀가 되는 권세를 주셨으니요 1:12

기독교는 다른 종교와 달리 영접하는 종교입니다. 영접한다는 것은 인격적인 만남을 의미하는 것입니다. 영접하는 자, 하나님의 아들을 그 삶 속에 모셔 들이는 자, 하나님의 아들과 교제하는 자, 그것이 기독교인의 첫 번째 자리에 있어야 합니다. 영접하는 자, 곧 그 이름을 믿는 자들의 두 번째 자리는 예수님이 하나님의 아들임을 믿고 예수님이 세상에 구원자로 오신 것을 믿는 것입니다. 첫 번째는 만나는 것이고, 두 번째는 그분이 누구인지 아는 것입니다.

여러분은 주님을 영접한 적이 있습니까? 그렇다면 그가 주시는 즐거움을 알아야만 합니다. 예수 믿는 것만큼 기쁜 것이 달리 없다고 고백하실 수 있어야 합니다.

> 하늘에서는 주 외에 누가 내게 있으리요 땅에서는 주 밖에 내가 사모할 이 없나이다 시 73:25

> 내 영혼이 여호와의 궁정을 사모하여 쇠약함이여 내 마음과 육체가 살아 계시는 하나님께 부르짖나이다 시 84:2

> 주의 궁정에서의 한 날이 다른 곳에서의 천 날보다 나은즉 악인의 장막에 사는 것보다 내 하나님의 성전 문지기로 있는 것이 좋사오니 시 84:10

이렇게 고백하는 자입니다.

그리스도 예수로 말미암는 즐거움은 구원받은 자가 누리는 특권입니다. 눈으로 볼 수 없는 구원받은 자의 증표는 그 기쁨에 있습니다. 여러분은 세상이 알 수 없는 기쁨을 맛보셨습니까?

사랑하는 여러분, 여러분의 마음은 세상이 줄 수 없는 평안으로 가득합니까? 아직 그 즐거움을 맛본 적이 없다면 구원받았다고 속단하지 마십시오. 오히려 주님 앞에 고백합시다. "오 주님 당신을 영접하오니 오셔서 나와 함께 거처해 주십시오."

그 후에 여러분은 그 교제의 즐거움을 맛보실 수 있을 것입니다. 그러면 여러분은 그 사죄의 기쁨을 누릴 것입니다. 구원받은 사람은 '즐거워하며 영접한' 경험이 있는 사람입니다. 많은 돈이, 높은 지위가, 좋은 이름이 줄 수 없는 하늘의 기쁨을 누립니다. 참사람답게 사는 즐거움이 여러분의 것이 될 것입니다. 구원은 기쁨으로 주님을 영접하는 것입니다.

그러나 한때 기쁨을 맛본 적이 있었지만 지금 그 즐거움을 누리고 있지 못할 수도 있습니다. 그래서 '기쁨 없는 그리스도인'이란 역설적인, 모순적인 자리에 있을 수도 있습니다. 왜 그런 자리에 이르게 되었는지 19장을 통해 한번 살펴봅시다.

5절에서는 "삭개오야 속히 내려오라" 하였고, 6절에서는 "급히 내려오니"라 하였습니다.

누가는 의도적으로 똑같은 말을 두 번 반복하고 있

습니다. 주님이 속히 내려오라 하시니 삭개오는 급히 내려옴으로 응답하고 있습니다.

기독교 구원의 시작은 구주를 영접하는 순간입니다. 그러나 기독교 구원의 완성은 주님께 계속해서 순종함으로써 이루어지는 것입니다. 사소한 말씀이라 하더라도 구체적인 순종을 통해서 여러분의 구원을 완성해 나가시는 주님이십니다.

많은 기독교인의 삶의 즐거움을 앗아가는 주된 이유는 불순종에 있습니다. 불순종이란 꼭 엄청난 명령에 대한 거역만이 아닙니다. 극히 사소한 명령이라도 소홀히 여기기 시작하면 여러분의 기쁨은 식어가기 시작합니다. 정상적인 신자의 삶은 항상 기뻐하는 삶입니다. 신자라면 항상 기뻐할 이유가 있고 기뻐할 줄 알아야 합니다. 그런데 우리는 왜 정상적인 그리스도인의 삶을 사는 데 실패합니까?

여러분! 불순종은 우리에게서 기쁨을 빼앗아 갑니다. 기쁨이란 불꽃은 순종이란 산소가 있을 때만 타오릅니다. 불순종은 우리의 신앙성장을 저해합니다. 믿음의 성장이란, 순종의 토양 속에서만 가능합니다.

오랫동안 교회 나오신 여러분! 신앙의 경력을 내세

우기 전에 해마다 주님을 아는 기쁨이, 주님을 배우는 즐거움이, 주님을 섬기는 보람이 증가하고 있는지 살펴봅시다. 10년 전과 오늘의 나를 비교할 때 언제 더 기쁜 마음으로 순종하는 신앙생활인지 살펴봅시다. 해가 거듭되고 지나갈 때마다 새로운 성장의 마디를 남기지 못했다면 회개해야 합니다. 동시에 어디서 떨어졌는지 살펴봅시다. 순종의 삶을 다시금 시작하면 하나님은 여러분을 만나주시고 새롭게 하시고 독수리 날개 치며 올라감 같이 해 주실 것입니다.

> 예수 따라 가며 복음 순종하면
> 우리 행할 길 환하겠네
> 주를 의지하며 순종하는 자를
> 주가 늘 함께 하시리라
> 의지하고 순종하는 길은
> 예수 안에 즐겁고 복된 길이로다 찬송가 449장

뭇 사람이 보고 수군거려 이르되 저가 죄인의 집에 유하러 들어갔도다 하더라 삭개오가 서서 주께 여짜오되 주여 보시옵소서 내 소유의 절반을 가난한 자들에게 주겠사오며 만일 누구의 것을 속여 빼앗은 일이 있으면 네 갑절이나 갚겠나이다 눅 19:7-8

그리스도 예수 안에서 사랑하는 여러분! 그날 여리고에서 삭개오에게 일어난 일은 구원이 단순히 명예, 지위, 부귀와 같은 외형적인 것이 아님을 보여 줍니다. 구원은 내면적인 사건입니다. 인격적인 만남이요, 대화요, 영접이요, 순종입니다.

또한, 구원은 사회적인 의미를 지닙니다. 한 사람이 구주를 인격적으로 영접할 때 구원은 시작됩니다. 그러나 구원은 거기서 끝나지 않습니다. 그때부터 구원받은 자의 삶이 시작됩니다. 그리스도 예수, 우리 주님을 통해 우리와 하나님과의 관계가 회복되면 우리와 이웃과의 관계가 새로워집니다. 하나님과의 관계회복은 반드시 이웃과의 관계회복으로 나아가야 합니다.

삭개오 이야기는 이 사실을 그림처럼 선명하게 우리에게 보여 줄 것입니다. 누가복음 19장 7-8절을 중심으로 그의 삶을 함께 살펴봅시다.

두 갈래로 나뉘는 삶

우선 6절과 7절을 보면 "급히 내려와 즐거워하며 영접하거늘 뭇 사람이 보고 수군거려 이르되 저가 죄인의 집에 유하러 들어갔도다 하더라"고 기록하고 있습니다. 이 두 구절에서 우리는 너무나 대조적인 상황을 만납니다. 6절에서 우리는 즐거워하며 영접하는 삭개오를 만납니다. 7절에서 우리는 수군거리는 뭇사람을 봅니다. 6절과 7절의 분위기는 아주 대조적입니다.

6절은 기쁨이 넘치는 삭개오의 마음을 그립니다. 그러나 7절은 불만에 가득 찬 뭇사람의 심정을 보여 줍니다. 6절이 천국 생활의 시작을 미리 나타낸 것이라면, 7절은 지옥 생활의 모습을 보여 주고 있습니다.

세상에 있는 모든 사람의 삶은 두 갈래로 나누어집니다. 세상을 살면서도 천국의 기쁨을 맛보고 천국의 노래를 부르는 사람들이 있습니다. 같은 세상에 살아도 지옥의 고통을 이미 겪는 사람들이 있습니다. 여러분의 마음엔 삭개오의 기쁨이 있습니까? 아니면 무슨 일을 보아도 불평불만으로 가득합니까? 이것은 여러분이 천국 시민인지, 아직도 지옥에 속한 자인지 보여 줍니다.

예수 그리스도, 우리 주님께서는 잃어버린 자를 찾아서 구원하시려 세상에 오셨습니다. 예수 그리스도, 우리 주님께서는 잃어버린 기쁨을 회복시켜 주시려고 세상에 오셨습니다. 예수 그리스도, 우리 주님께서는 여러분의 마음에, 여러분의 가정에, 여러분의 직장에 기쁨을 주시려고 세상에 오셨습니다.

우리 주, 예수 그리스도께서는 사람에게 생명을 얻게 하고 더 풍성히 얻게 하려고 세상에 오셨습니다. 여러분은 누구나 주 예수로 말미암는 풍성한 삶을 누릴 수 있습니다. 주님은 여러분 한 사람, 한 사람을 부르시고 계십니다.

> 수고하고 무거운 짐 진 자들아 다 내게로 오라 내가 너희를 쉬게 하리라 마 11:28

주님으로 말미암는 천국의 기쁨이 여러분의 것이 되

기를 바랍니다.

그가 죄인의 집에 유하러 들어갔다

사랑하는 여러분, 7절에서 수군거리고 있는 사람들은 누굽니까? 그들은 예루살렘을 향해서 순례의 길을 걷는 사람들입니다. 유월절 잔치에 참여하러 가는 사람들입니다. 계명의 요구에 따라 살려고 하는 열심 있는 종교인들입니다. 그러나 그들의 마음은 불평불만으로 가득하였습니다.

무엇 때문에 이들은 수군거립니까? "그가 죄인의 집에 유하러 들어갔다"눅 19:7라고 그 이유가 기록되어 있습니다. 그들의 종교는 구주께서 죄인의 집에 들어간다는 것을 허용할 수 없었습니다. 그들의 가치관으로는 예수님의 행동을 받아들일 수 없었습니다.

그들은 소외당한 자의 외로움에 무감각했으며, 그들은 받아들임을 얻은 자의 감격에 무감동했습니다. 또한, 그들은 괴로워하는 자의 고민을 알지 못했습니다. 그래서 그들은 기뻐하는 삭개오와 함께 기뻐할 수 없었습니다.

더 나아가 그들은 주님의 삶으로부터 무엇인가 배우

기를 거절하는 자들이었습니다. 그들의 오만은 주님을 오히려 가르치려고 하는 것에서 극에 달합니다. "어떻게 삭개오와 같은 죄인의 집에 당신이 들어가십니까?" 라고 했습니다.

사랑하는 여러분! 겸손한 마음으로 주님이 하시는 행동을 살펴봅시다. 그러면 우리는 모든 상황을 새로운 안목으로 보게 될 것이고, 삭개오와 함께 기뻐하게 될 것입니다. 그리고 우리는 죄인의 집에 유하러 가시는 주님을 보고 감격해 할 것입니다.

여러분! 이처럼 구주께서 죄인을 찾아오시는 것은 정말로 감격스러운 일입니다. 예수 그리스도, 우리 주님께서 죄인의 거처에 그와 함께 하러 가시는 것을 볼 때 우리는 참으로 은혜로운 장면을 보게 되는 것입니다. 구주되신 우리 주님이 죄인의 집에 가시는 일만큼 은혜로운 일이 어디 있습니까?

주님은 친히 이렇게 말씀하십니다.

> 예수께서 대답하여 이르시되 건강한 자에게는 의사가 쓸 데 없고 병든 자에게라야 쓸 데 있나니 내가 의인을 부르러 온 것이 아니요 죄인을 불러 회개시키러 왔노라 눅 5:31-32

이제 예수 그리스도께서 죄인의 집에 유하러 들어가실 때, 참 신앙을 가진 자라면 불평할 수 없습니다. 수군거릴 수 없습니다. 그런데 성경의 뭇사람은 종교적 열심으로 가득했지만, 주님이 하시는 행동을 보면서 무언가를 보고 배우려는 대신 비판하기에 바빴습니다.

그리스도인에게 가장 기쁜 소식

성경은 한 죄인이 돌아올 때 하늘의 천군, 천사가 기뻐 노래한다고 말합니다.

> 내가 너희에게 이르노니 이와 같이 죄인 한 사람이 회개하면 하늘에서는 회개할 것 없는 의인 아흔아홉으로 말미암아 기뻐하는 것보다 더하리라 눅 15:7

> 내가 너희에게 이르노니 이와 같이 죄인 한 사람이 회개하면 하나님의 사자들 앞에 기쁨이 되느니라 눅 15:10

삭개오가 즐거워하며 주님을 영접하는 순간은 하늘나라의 교향곡이 울려 퍼지는 순간입니다. 천군, 천사가 기쁨으로 노래하는 그 순간에, 마음이 불만으로 가득하고 입술에 불평이 터져 나오는 사람이라면 그 사람은 아직 천국 시민으로 일컬어질 수 없습니다. 하늘의 천사들이 노래하는 그 순간에도 7절에 나오는 뭇사람은 수군거리고 있습니다. 만약 그들이 하늘의 시민이라고 하면 하늘의 천군, 천사가 노래하는 순간에 어떻게 수군거릴 수 있습니까?

여러분의 마음이 지금 어떤 상태에 있는지 살펴보십시오. 여러분의 마음이 주님을 영접하여 기쁨으로 가득 찬 삭개오를 볼 때 불만으로 가득하다면 아직 아버지의 기쁨에 동참하지 못한, 몸은 아버지 집에 있으나 실제로는 '잃어버린 자'인지도 모릅니다.

> **이 네 동생은 죽었다가 살아났으며 내가 잃었다가 얻었기로 우리가 즐거워하고 기뻐하는 것이 마땅하다 하니라** 눅 15:32

사랑하는 여러분! 하늘 아버지께서는 여러분 모두가 기쁨에 동참하기를 원하십니다. 여러분은 구원의 기쁨으로 즐거워하는 자들을 만날 때 함께 기뻐하고 있습니까? 아니면 "유별나게 예수를 믿고 있다"고 수군거리고 있습니까? 그것이 여러분의 현재 신분을 보여 줍니다.

성도에게 한 사람이 구원을 얻었다는 것보다 더 기쁜 소식은 없습니다. 성도는 다른 사람이 회개했다는 소식보다 더 기쁜 소식을 들은 적이 없는 사람입니다. 불평 대신 아버지의 기쁨을 나누십시오.

제가 유학 시절 마지막 시기에 들은 마틴 로이드 존스David Martyn Lloyd-Jones라는 설교자의 설교 이야기가 아직도 생생하게 기억납니다. 그는 의사로서 영국 왕실 주치의의 일원이었는데 후에 그 직분을 내려놓고 목사가 되었습니다. 한번은 그분이 설교에서 이런 이야기를 하면서 책망한 적이 있습니다.

> 웨일즈 사람들은 신앙이 좋은 사람이라고 자부하고 있지만 나는 동의할 수 없습니다. 왜냐하면 그동안 우리의 모임에서 아들이 의사가 되었다고 기뻐하고 법관이 되었다고 기뻐하는 것은 보았지만 한 사람이 예수 믿었다는 것을 가지고 기뻐하는 것을 보지 못했기 때문입니다. 정말 우리가 신앙이 좋은 민족이 맞습니까?

세상 사람들은 고시 패스했다고 현수막을 붙일 수 있습니다. 그런 행동이 잘못됐다는 것이 아닙니다. 그러나 그리스도인인 여러분이 무엇으로 기뻐하는지 살펴보아야 합니다. 한 사람이 주님을 만났다는 소식보다 그리스도인에게 더 기쁜 소식은 없어야 합니다.

주님이 우리에게 주신 구원의 기쁨은 농부가 풍성한 소출을 얻은 추수 때의 즐거움보다 더한 것입니다. 주님이 우리 마음에 두신 사죄의 기쁨은 직장인이 예기치 않은 보너스를 받은 것으로 즐거워하는 것보다 더한 것입니다.

이 크나큰 구속의 기쁨이 성도의 마음에 넘칠 때 사탄은 시기하고 안달합니다. 사탄은 자기에게 속한 소위 '열심만 있는 신앙인들'을 통해서 우리가 주님을 만난 순간부터 핍박하기 시작합니다.

그렇지만 여러분의 한마디의 말, 한순간의 행동은 이 싸움의 상황을 금세 바꾸어 놓을 수 있습니다. 여러분, 삭개오의 행동, 그 서원을 들어 보십시오. 삭개오는 그날 자기를 죄인으로 몰아치는 아니, 생명의 구주 예수 그리스도를 향해 수군거리는 뭇사람 가운데서 온갖 비난의 화살이 쏟아지는 그 자리에 서서 입을 열었습니다.

그는 자기를 비난하는 사람들에게, 저 죄인의 집에 간다고 수군거리는 사람들과 맞서 싸우지 않습니다. 그는 자기를 죄인이라고 규정짓는 사람을 향해 분개하지 않습니다. 삭개오는 그 조롱과 비난, 핍박의 와중에서도 주님을 바라보고 주님을 옹호했습니다. 삭개오는 비난하고 수군대는 지옥 상황을 아름다운 신앙고백의 장으로 전환하고 있습니다.

8절을 다시 봅시다. "삭개오가 서서 주께 여짜오되 주여 보시옵소서 내 소유의 절반을 가난한 자들에게 주겠사오며 만일 누구의 것을 속여 빼앗은 일이 있으면 네 갑절이나 갚겠나이다"라고 말하고 있습니다.

내어 주는 삶

사랑하는 여러분! 삭개오가 주님께 드린 이 고백을 통해 기독교인 삶의 몇 가지 원리를 살펴볼 수 있습니다. 첫째로 기독교인의 삶의 제일 원리는 '내어 주는 데' 있습니다. 기독교인의 삶은 '주는 삶', '다른 사람에게 베푸는 삶'입니다.

"내 소유의 절반을 가난한 자들에게 주겠사오며"라는

삭개오를 보십시오. 여러분! 삭개오가 어떤 사람이었습니까? 그는 부자였습니다. 그는 부자의 전형적인 근성을 가진 자입니다. 지금까지 한 번도 남에게 자기 것을 내어놓겠다는 제의를 입 밖으로 내어 본 적이 없는 사람입니다. 아니 마음에 품어 본 적도 없었을 것입니다.

그런데 어떻게 '내 수입의 절반'도 아니고, '내 소유의 절반'을 내어놓겠다는 엄청난 제의를 하게 되었는지 비결을 생각해 보셨습니까? 많은 교인이 이 비결을 알지 못하고 삭개오처럼 시도할 때가 있습니다. 그리고는 실망합니다. 낙심하고 좌절합니다. 위선자가 되어갑니다. 어떤 분들은 예배당 건축을 위해 살던 집을 팔아 바칩니다. 그리고 나서 불평불만 가운데 지냅니다. 그럴 바에는 처음부터 그런 시도를 할 필요가 없습니다. 결혼반지를 빼 드린 후에 신앙생활의 기쁨을 잃어버린다면 어리석은 짓이라 할 수 있습니다.

우리는 삭개오처럼 결단을 내리기 전에 왜 삭개오가 그렇게 했는지 살펴보아야 합니다. 무엇이 삭개오의 삶을 그렇게 바꾸어 놓았습니까? 6절 마지막 단어가 그 비밀을 공개합니다. "영접하거늘"입니다. 즉 "받아들이거늘"이란 말을 깊이 생각하지 않으면, "내어 주겠사오며"라는 말을 이해할 수 없습니다.

삭개오, 그는 들어온 것은 항상 움켜쥐던 사람입니다. 삭개오, 그는 들어오면 내어놓을 줄 모르던 사람입니다. 그러나 이제 그의 삶에 변화가 왔습니다. 이제 삭개오는 다른 사람입니다. "영접"하는 사건이 "내어 주겠다"는 결단을 가능하게 한 것입니다. 내어 주겠다는 결단은 "영접하거늘"이 있음으로 가능한 것입니다.

기독교인의 삶은 먼저 받아들이고 그다음 내어 주는 삶입니다. 내어 주는 삶, 이것이 기독교와 모든 다른 종교를 구별 짓는 분수령입니다.

모든 종교는 인간이 먼저 주고 그 대가로 신에게 무언가를 받으려는 이익종교입니다. '지성이면 감천'이라는 말처럼 내가 지성을 다하면 하늘이 감동해서 복을 준다고 믿습니다. 드리는 만큼 신의 축복을 받을 것이라고 사람들은 생각합니다. 그것은 인본주의 종교입니다. 세상 종교입니다. 기독교가 아닙니다. 기독교는 먼저 받아들인 다음에 내어놓습니다. 먼저 예수 그리스도 그분을 받아들인 것 때문에, 그 즐거움과 감격 때문에, 그 사랑에 강권 받아 내어 주는 종교입니다.

많은 사람이 교회 안에서 거꾸로 신앙생활을 합니

다. 교회당에 나오지만, 옛날 절에 다니는 것과 별다를 바 없이 살아갑니다. 교회는 정성을 들이기 위해 가는 곳이 아닙니다. 오히려 하나님의 정성을 깨닫고 감동하는 곳입니다. 내가 정성을 들여서 10만 원 헌금을 하면 10만 원어치 축복을 받을 것으로 생각하지 마십시오. 내가 100만 원어치 공양드리면 100만 원어치 축복을 받을 것으로 생각하는 것은 세상의 일반적인 종교의 계산법입니다.

기독교는 그렇지 않습니다. 기독교의 하나님은 온 우주를 창조하신 분입니다. 무엇이 부족하여 사람의 손으로 섬김을 받으려 하시겠습니까? 그는 만민에게 생명과 호흡과 만물을 친히 먼저 주시는 분입니다.

의사 마틴 로이드 존스는 목사가 되고 난 뒤에 "나는 포기한 것이 아무것도 없으며 나는 손해 본 것이 아무것도 없다"고 자주 이야기했습니다. 하나님은 우리를 사랑하사 자기의 독생자이신 아들까지 내어놓은 분입니다. 우리가 벌 받을 자리에 자기 아들을 대신 보내신 분입니다.

그리스도인들은 아들까지 아끼지 않으신 분이 우리를 향하여 그 무엇을 아끼겠는가 하고 논리적으로 생각합니다. 또한, 기독교인의 삶은 나를 위해 당신의 독생자까지 아끼지 않으시고 내어 주신 그 하나님의 사랑에 감사, 감격하여 그 하나님의 뜻을 이루기 위해 먼저 자신을, 그리고 자기 소유를 드리는 삶을 뜻합니다.

장차 받을 축복을 바라고 헌금하는 것이 아니라 이미 받은 은혜에 감사해서 모든 것을 드리는 삶입니다. 우리는 주가 쓰시겠다 하면 내어놓는 삶을 살아야 합니다. 이처럼 신자란 예외 없이 내어놓을 수 있는 자를 의미합니다. 받아들인 것을 인식한다면 성도들은 줄 수 있는 자가 될 것입니다.

사랑하는 여러분! 삭개오가 받아들인 것이 무엇인지, 무엇을 받아들였는지 아십니까? 삭개오가 누구를 영접했는지 안다면 "내 소유의 절반을 가난한 자들에게 내어 주겠다"는 삭개오를 이해할 것입니다. 여러분이 누구를 영접했는지 기억하면 여러분의 마음은 한없이 한없이 넓어질 것입니다.

재산의 반이 엄청나 보입니까? 신자는 삭개오와 같이 영광의 주님을 받아들인 자입니다. 영광의 주님을 마음에 받아들인 자들은 재물의 애착에서 해방된 자들입니다. 온전한 헌신은 물질의 굴레에서 해방된 자에게만 가능합니다.

여러분은 주님의 영광을 보신 적이 있습니까? 여러분은 주님의 부요함을 누린 적이 있습니까? 그렇다면 재물의 속박에서 벗어나야 합니다. 욕망의 굴레에서 풀려나야 합니다. 여러분 중에 혹 아직 그 굴레에서 벗어나지 못한 분이 계신다면 조용히 생각하십시오. 그분의 아름다움을 깊이 생각하십시오.

오, 사랑하는 여러분, 세상의 것을 움켜쥐고 있으면 영광의 주님을 붙잡을 수 없습니다. 영광의 주님을 모신 자라면 세상의 것에 연연해 할 수 없습니다.

고아와 과부를 그 환난 중에 돌보고

삭개오의 이야기를 다시 보겠습니다. 놀랍게도 그는 자기 재산의 반을 종교적인 목적을 위해 희사하지 않았습니다. 그는 그 재산의 반을 "가난한 자들을" 위해서 내어놓았습니다. 삭개오처럼 영광의 주님을 영접한 자의 눈은 가난한 이웃을 발견합니다. 여러분이 욕망에 사로잡혀 있으면 언제나 나보다 잘사는 사람들만 눈에 들어옵니다. 중고차를 몰고 교회에 올 때 걸어오는 교인들은 눈에 들어오지 않고 자신보다 좋은 차를 몰고 오는 사람들이 눈에 들어오게 되는 것입니다.

　가난한 자를 보는 눈은 영성의 척도입니다. 가난한 자를 보는 눈이 때로는 산기도나 금식기도보다 더 좋은 척도입니다. 성경은 이렇게 말합니다.

> 하나님 아버지 앞에서 정결하고 더러움이 없는 경건은 곧 고아와 과부를 그 환난 중에 돌보고 약 1:27

　하나님 앞에서 정말 순수하고 깨끗한 신앙은 고아와 과부를 그 환난 중에서 돌아보는 것입니다. 하나님을 만난 자들은 이웃을, 특히 가난한 이웃을 만난 사람들입니다. 눈을 감고 귀를 막고 내 재산만 늘리려는 자들이 아닙니다. 마음과 뜻과 힘과 정성을 다해 하나님을 사랑하는 이들은 이웃을 자기 자신처럼 사랑하게 됩니다. 오직 하나님을 끔찍이 사랑하는 자만이 진정으로 이웃을 사랑하게 됩니다. 하나님을 사랑하는 자라고 자타가 인정함에도 불구하고 이웃을 보지 못하고 산다면 신앙생활의 기초를 재검토해야 합니다.

　야고보서에서 이야기하는 경건한 자들은 세상 사람들이 살아가는 방식대로 살아가지 않습니다. 그러면 오늘날의 우리를 살펴봅시다. 세상의 이웃뿐만 아니라 심지어 교회 안에 형제라 불리는 사람 중 물질적 어려움에 처한 사람이 있을 때 오늘 교회가 얼마나 그 아픔에 동참하고 있습니까? 교회 건축도 선교사 파송도 다 좋습니다. 그러나 교회들이 스스로 세운 목표가 우선시되고 그것의 노예가 되어서 하나님의 거룩한 뜻을 저버린다면 이는 현대판 '고르반'이라 할 수 있습니다. 우리는 현장의 아픔을 무시해서는 안 됩니다.

여러분은 세례를 받고 직분을 맡은 후에 환난 중에 있는 고아와 과부 중 몇 사람이나 여러분을 통해 안도의 숨을 쉴 수 있게 했습니까? 여러분은 믿음의 교제로 우리 가운데 있는 선을 알게 했습니까?

제가 정릉에서 두 번째 개척교회를 했을 때 이야기입니다. 전라남도 순천에서 올라오신 한 권사님 덕분에 제 신학교 동기 가족이 우리 빌라 뒷동에 살고 있다는 것을 알게 되었습니다. 목사였던 제 동기가 소천한 뒤, 그 가족은 먹고 살길이 막막해졌습니다. 좀 더 나은 생활을 소망하며 그 가족은 상경하였고 저와 같은 동네에 살게 된 것입니다. 그 사모님은 남편과 동기인 제가 근방에서 교회를 개척했다는 것을 알고 있었습니다. 그런데 부담을 주고 싶지 않아서 아는 척하지 않고 있었던 것입니다. 이후 어찌 된 일인지 중고등학생이었던 우리 아이들이 등록금을 낼 때면 그 집 아이들이 생각났습니다. 우리는 아들이 둘인데 거기는 셋이었습니다. 정릉에 있는 동안에는 도우려고 노력했고, 그 아들이 철도대학에 들어가는 것까지 보았던 것이 기억납니다.

여러분, 이처럼 가난한 사람들은 숨어버립니다. 제가 말하고자 하는 것은 가난한 자들을 교회가 어떻게 도울지 논의하자는 것이 아닙니다. 세례도 받고 직분도 받은 여러분 개인이 주변의 어려운 사람들을 돌아본 적이 있느냐는 것입니다. 교회가 점점 세속화되면서 어떤 때는 정말 좋은 선교사들을 수용하려 하지 않을 때가 많습니다. 왜냐하면, 그 사람의 삶을 보면 자신의 추한 모습이 드러나니까요. 그래서 대책 없이 멀리할 때가 있습니다. 그러나 성도들의 사랑이 모여서 전달될 때 하나님의 새로운 역사는 나타나게 됩니다.

한 번은 순천에 있는 어떤 사모님으로부터 연락이 온 적이 있습니다. 그분 남편은 미자립교회에서 목회하시면서 택시를 운전하셨는데, 그만 사고로 돌아가셨습니다. 그러자 그동안 후원하던 교회와 후원자들이 후원을 끊었습니다. 그런데 우리는 끊지 않고 더 보내기로 했습니다. 그때 일 때문에 사모님은 늘 우리 교회에 한번 와보고 싶었다고 합니다. 같은 시찰회에서 놀러 다녔던 목사님들이 갑자기 타인처럼 다 돌아설 때 계속 도움을 준 것이 얼마나 고마웠는지 모른다고 말씀했습니다. 우리가 주는 후원금이 그들 수입의 전부였기 때문에 살기가 어려웠답니다. 우유 하나로 두 아이를 먹일 수가 없어서 물을 타서 먹였다고 합니다. 그래도 그것밖에는 길이 없었다고 합니다. 아이들이 자라서 농담처럼 그때 엄마는 나쁜 엄마였다고 한답니다.

> 형제여 성도들의 마음이 너로 말미암아 평안함을 얻었으니 내가 너의 사랑으로 많은 기쁨과 위로를 받았노라 몬 1:7

이것은 교회 공동체를 향한 형제들의 찬사입니다. 여러분은 이러한 찬사를 받기에 부끄러움이 없습니까? 혹 여러분의 그 악착스럽고 매정한 삶의 자세 때문에 오히려 형제들의 탄식이 늘어나지는 않습니까?

한번 생각해 보십시오. 세상에서 괄시받던 사람이 안식처를 찾아 교회에 나옵니다. 그런데 교회 역시 잘 사는 사람들이 우대받고 가난한 사람들이 천시되고 있다는 것을 알고 교회로부터 발을 돌리고, 하나님께 마음을 닫고 만다면 그 책임을 누가 질 것입니까?

사랑하는 여러분, 여러분보다 갖지 못한 이웃을 보십시오. 그들을 섬기고 싶은 거룩한 소원의 불을 가슴에 담읍시다. 배우지 못하고 불리한 조건 가운데 살아가는 여러분의 친구들을 살펴보십시오. 아직도 더 나은 환경에서 살아가는 친구를 보며 금수저를 물고 태어났다며 부러워하시겠습니까?

세계를 둘러보십시오. 대한민국은 잘 사는 나라입니다. 코리안 드림을 가지고 한국에 와서 사는 것이 꿈인 사람들이 얼마나 많습니까? 더 나은 환경에서 사는 친구를 부러워하게 되면 자신의 욕망은 절대 끝나지 않습니다. 시기하며 수단과 방법을 가리지 않고 더 높아지려고 하면 우리는 항상 불평을 할 수밖에 없습니다.

의심 말고 함께 가라

저는 고려신학대학교 67학번인데 그때도 줄을 잘 서야 한다고 말하는 사람들이 있었습니다. 신학을 하고 목회를 하면서 부끄러운줄도 모르고 그런 충고를 하였습니다. 그런데 저는 줄을 잘 설 형편이 안 되었습니다. 전도사인 제가 아는 목사님은 두세 명인데 그 목사님들은 저를 몰랐습니다. 그래서 저는 생각을 바꿨습니다. 줄을 서지 않겠다고 생각을 바꾼 것입니다. 사실 정확히 말하면 줄을 설 곳이 없었던 것입니다. 그래도 말은 줄을 서지 않는다고 했습니다. 그리고 어디든지 나를 부르기만 하면 달려가겠다고 결심했습니다.

사람들이 좋은 곳을 찾아가려니까 쉽지 않은 것입니다. 어려운 곳을 가려고 하면 있습니다. 시골 교회는 교역자가 없는 곳이 많습니다. 2-3년씩 비어있는 곳도 많습니다. 그래서 저는 야학에서 받은 월급으로 차비를 마련해 시골 교회에 가기로 마음먹었습니다. 그때는 보따리에 짐을 짊어지던 시대이니까 보따리 두 개를 가지고 몇 년째 비어있는 합천에 있는 교회의 전도사로 가게 되었습니다. 공식적으로 제 첫 사역을 시작하는 것 아닙니까? 지금 여러분은 모두 의자에 앉지만, 그때만 해도 바닥에 앉을 때였습니다. 첫 설교를 하려고 강대상에 섰는데, 설교 원고를 기도하던 바닥에 두고 온 것입니다. 열심히 한 주, 두 주 준비했던 원고를 두고 왔던 것입니다. 순간 그걸 가지러 가야 하나 말아야 하나 굉장히 갈등했습니다.

그런데 청중을 쳐다보니 그 일은 제 실수가 아니라 하나님의 은혜였다는 것을 알게 되었습니다. 제가 원고를 가지고 왔으면 원고 한 번 보고, 성도들 한 번 보고, 물 한 번 먹고, 하늘 한 번 쳐다보며, 병아리 물 먹듯이 그렇게 설교했을 것입니다. 대신 저는 기차를 타고 가면서 몇 번이나 읽어 머리에 남아있던 내용으로 설교하게 되었습니다. 그런데 농촌 사람들에게는 원고를 읽으면서 하는 설교보다 눈을 마주 보는 설교가 훨씬 잘 전달되었습니다. 후에 알고 보니 그 설교가 말하자면 선을 보는 자리였던 것입니다. 한동안 목회자가 비어있었는데도 교인들끼리는 제가 설교하는 것을 듣고 나서 결정을 하겠다고 했답니다. 저는 몰랐지요. 비어있던 교회라고 해서 제 딴에는 각오를 하고 보따리 짐을 싸서 갔는데 교회는 그렇지가 않았던 겁니다. 그런데 그때 설교 제목이 "의심 말고 함께 가라"행 11:12였습니다. 시사하는 바가 있지요? 그래서 저는 통과하였습니다.

그때부터 언제나 저를 필요로 하는 곳, 저를 더 필요로 하는 곳에 간다고 마음을 딱 정했습니다. 이후 저는 한 번도 선보는 설교를 하러 간 적이 없습니다. 선보는 설교를 하라고 하면 다른 분을 모시라고 했습니다. 전도사로 가든 목사로 가든 가르치는 사람으로 가는데 배우는 학생에게 평가를 받으면 출발부터 제대로 된 것이 아니라고 생각했습니다. 그런 교회들은 나와 인연이 없다고 정리했습니다. 제가 울산교회에 올 당시에 울산교회는 교단에서 제일 큰 교회였습니다. 하지만 울산교회에 올 때도 저는 설교하지 않고 왔습니다.

종의 의무

간혹 은퇴 후 계획을 묻는 질문을 받으면 당혹스러운데 지금 답이 하나 딱 떠올랐습니다. 종놈은 계획을 세우면 안 됩니다. 주님이 주인이신데, 주인이 알아서 하시는데, "너 오늘 밥 먹고 밭에 가서 거름 내라" 그러시면 거름 내면 되고 주인이 "마당 쓸어라" 하면 마당 쓸면 되지, 종놈이 자기가 계획을 세워서 이렇게 하겠다 저렇게 하겠다 하면 이것은 기본이 아니라고 생각합니다. 주님이 가라고 하면 가는 겁니다.

제가 한 가지 아는 것은 하나님은 저를 놀도록 하지 않으신다는 겁니다. 저는 결혼할 때도 화요일에 결혼하고 주일부터 부흥회를 했던 사람입니다. 약혼도 엑스플로Explo 74를 할 때 서울에서 한 주간 지내면서 한나절 잠시 나가서 경향교회에서 한 것이 전부입니다. 그때부터 참 바빴습니다.

제가 제일 좋아하는 일은 사택이 있는 동네에 아내와 같이 지팡이 들고 한 시간가량 산행하는 것입니다. 저도 영국이나 미국 등 여러 나라를 꽤 가봤습니다. 제가 다니면서 본 바로는 우리 동네가 제일 좋습니다.

구글이라는 큰 기업에 다니는 첫째 아들이 자기가 미국에 세금 많이 냈으니까 은퇴 후에 미국 와서 살라고 제게 말하는데, 저는 아직 대답하지 않았습니다. 맨입으로 가서 살 생각은 없습니다. 차 한 대 사놓고 오라 하면 한 몇 달 가서 머물까 생각은 있지만, 그냥 오라 하면 저는 안 갑니다. 저에게 샌프란시스코가 울산광역시 울주군 범서읍 두산리의 우리 동네만큼 좋게 느껴지지 않습니다. 하나님께서 저를 얼마나 멋있는 동네에 살도록 하셨는지 모릅니다.

저는 틈만 나면 한 시간 혹은 한 시간 반짜리 코스를 선택해서 산책합니다. 그 외에도 우리 동네에 있으면 제가 할 일이 많습니다. 시골은 부지런하지 않으면 안 됩니다. 새들은 새벽 4시부터 창조주 하나님을 찬양합니다. 또 저녁에는 저녁찬양을 드리는데 얼마나 잘하는지 웬만큼 부지런하지 않으면 우리는 새들을 따라갈 수가 없습니다.

몇 년 전에 우리 동네에 스님이 한 분 들어와서 염불을 틀어 놓았습니다. 자기가 하면 용서를 하겠는데 자기는 하지도 않고 녹음기를 틀어놓고 마당을 쓸고 있었습니다. 하지 말라고 하면 종교전쟁이 될 것 같아서 내가 저 분보다 더 열심히 기도하면 되겠다 싶었습니다. 지금은 큐티하고 기도하다가도 바쁘면 두 문장 쓰고 중간에 나가야 할 때도 있습니다. 그런데 은퇴를 하면 더 많이 기도할 수 있게 될 것 같습니다.

은퇴하고 나면 저는 주님이 시키지 않는 일은 절대 하지 않을 겁니다. 지금 있는 것도 충분한데 무엇 때문에 사서 고생을 합니까? 목회는 제 삶의 목표가 아닙니다. 목회는 주님을 섬기는 수단일 뿐입니다. 목회가 끝나고 제가 평생 섬겨왔던 주님과 더 가까이 지낼 수 있다고 생각하면 제 가슴은 뜁니다. 좋은 자리를 찾으려했다면 아직도 투쟁은 끝나지 않았을 것입니다. 그러나 '아버지가 알아서 하세요. 저는 시키면 합니다.' 그렇게 생각하면 스트레스 받을 일이 없습니다.

한 번은 터키 여행을 갔는데, 그곳에서 아내가 가방을 분실했습니다. 우리 두 사람의 여권, 비행기 티켓, 신용카드, 달러가 가방에 들어있어 참 난감한 상황에 처했습니다. 일행들의 말로는 드로아에서 사진을 찍을 때 아내가 가방을 내려놓은 것은 보았는데 이후에 드는 것을 본 기억은 없다는 겁니다. 그때 '오늘 아침 우리에게 이런 일이 일어날지 아셨던 하나님께서 책임지십시오'하는 마음이 생겼습니다. 그리고 선교사님과 함께 2시간 밤길을 달려서 드로아로 갔습니다. 도착하자마자 라이트를 켜는 저와 선교사님을 뒤로하고 아내가 먼저 달려갔습니다. 그리고 가방을 메고 나오는 겁니다. 우리가 다녀간 이후에 많은 팀이 그곳을 다녀갔을 텐데 하나님은 그들의 눈을 가리신 것입니다. 그 다음부터는 담력이 생겼습니다. 사건사고가 생길 때마다 안심이 되었습니다. 왜냐하면, 아버지가 책임지는 것이 낫기 때문입니다.

주는 삶

여러분은 누구의 마음을 닮아 사시겠습니까? 그리스도 예수는 자신을 우리의 대속물로 주시기 위해서 오셨습니다. 그를 섬기는 자의 삶도 예외일 수 없습니다. 지금 가지고 있는 것을 붙잡고 더 좋은 곳을 찾는다면 쉽지 않을 것입니다. 그러나 더 못한 곳을 찾고자 한다면 쉬울 것입니다. 세상은 넓고 할 일은 많습니다.

신앙인은 고통당하는 이웃에게 '주는 삶'을 사는 자들입니다. 당신의 옆집 사람은 당신을 주는 사람으로 알고 있습니까? 그리스도 예수를 받아들인 사람은 이웃에게 무언가를 주는 사람이라는 점을 잊지 마십시오.

여러분이 물질적으로 가난하다고 해도 그들에게 무엇인가를 줄 수 있을 것입니다. 손에 가진 것이 없어 물질적으로 주지 못하는 상황이라면, 그 빈손을 함께 모으고 이웃을 위해 기도할 수 있습니다. 교회가 제구실을 잘하고 있을 때는 이렇게 세상을 향해 말했습니다.

은과 금은 내게 없거니와 내게 있는 이것을 네게

주노니 나사렛 예수 그리스도의 이름으로 일어나
걸으라 행 3:6

우리가 가진 것이 없어도 분명 할 수 있는 무엇인가
가 있을 것입니다.

죄를 용서받는 일은 곧 자유함을 얻는 일

기독교인의 삶의 또 하나의 원리는 과거의 잘못을
인정하고 그것을 변상하는 데 있습니다. "만일 누구의
것을 빼앗은 일이 있으면 네 갑절이나 갚겠나이다"라
고 삭개오는 고백했습니다. 뭇사람은 그가 죄인이라고
수군거렸습니다. 여기서 삭개오는 "만일 누구의 것을
빼앗은 일이 있으면"이라고 그들이 수군거리는 죄가
무엇인지 구체적으로 고백했습니다.

한국말에서는 헬라어 가정법의 의미가 잘 살아나지
않습니다. 단순한 가정처럼 들리지만 원어의 의미는
확실한 사실로써 말하고 있습니다. 자신이 누구의 것
을 속여 빼앗은 일에 대해서는 네 갑절이나 갚겠다고
고백합니다. 뭇사람은 그냥 죄인이라고 말하는데 삭개
오는 자기 지위와 권력을 이용해 남의 재산을 갈취한

죄를 고백합니다.

사랑하는 여러분, 여러분은 자신의 과거 잘못을 시인합니까? 아니면 자신의 과거를 옹호합니까? 용서받은 경험이 있는 자는 그 죄를 고백하는 것을 어려워하지 않습니다. 그렇게 고백 된 죄는 용서받은 죄입니다. 그러나 옹호되는 죄는 용서받지 못한 죄입니다. 용서받은 경험은 인간을 죄로부터 해방시킵니다.

> 진리를 알지니 진리가 너희를 자유롭게 하리라 요 8:32

> 진실로 진실로 너희에게 이르노니 죄를 범하는 자마다 죄의 종이라 요 8:34

> 그러므로 아들이 너희를 자유롭게 하면 너희가 참으로 자유로우리라 요 8:36

자유함을 누린 삭개오는 잘못을 시인하는 데서 그친 것이 아니라 나아가서 보상할 것을 약속했습니다.

오늘 한국 기독교는 삭개오 같은 신자들을 필요로 합니다. 낮은 지위에 있는 이는 적게, 높은 지위에 있는 이는 많게 취하면서도 어물쩍 넘어가는 것이 교계의 실정입니다. 은혜란 말이 구원이란 말처럼 변질되어서 자기 잘못을 가리는 방편으로 사용되고 있습니다. 그러나 참된 구원을 받은 자는 죄악된 자신의 삶을 반성하고 변상하려 합니다.

그리스도 중심의 삶

기독교인의 삶의 가장 핵심적 원리는 그리스도 중심의 삶입니다. 우리는 누가복음 19장의 구조를 한번 살펴볼 필요가 있습니다. 누가복음 19장 8절을 한번 보십시오. "주께 여짜오되 주여 보시옵소서 내 소유의 절반을 가난한 자들에게" 이렇게 번역이 되어 있지요? 그러나 헬라어 원문에는 "주께 여짜오되 보시옵소서 내 소유의 절반을 '주님' 가난한 자들에게 주겠사오며"라고 되어 있습니다.

그때 삭개오가 느낀 감격 때문에 '주님'이라는 말이 소유의 절반과 가난한 자들 사이에 들어가 있습니다. 그가 살아간 새로운 삶의 모습은 세상을 향한 양심선언이 아닙니다. 주님을 향한 사랑의 고백입니다. 주님을 향한 감사의 고백입니다. 이 고백이 우리 삶의 원리가 되어야 합니다.

제가 섬기는 울산교회는 작년 수 천만 원의 성탄절 헌금으로 한국과 키르기즈스탄에 있는 가난한 사람들을 돕기로 했습니다. 각 교회 형편들을 살펴보고 8교구를 장로님들이 직접 다니면서 도움을 나누기로 했습니다. 그런데 한 장로님이 다녀보니까 사장인 자기가 모르는 세상이 있는 것을 알게 되었다고 하셨습니다. 연말에 아들에게 기업을 물려주고 나왔지만, 현장을 들여다보니 어려운 사람들이 많이 있었습니다. 그래서 교회의 도움과는 별도로 자신이 직접 설날에 쌀 60포대를 사서 도와주었습니다. 성도들은 그런 마음을 가져야 합니다. "어렵겠네, 안됐네"라고 말만 하면서 지나가면 안 됩니다. 그런 건 아무런 도움이 안 됩니다.

제가 20대 말에 남아프리카로 유학을 갔을 때, 4년 정도의 시간이 걸리겠구나 예상하고 갔습니다. 그곳에서 제가 다니던 교회는 주일 예배에 500명 가까운 성도들이 모였는데 예배를 마치면 성도들이 순식간에 흩어졌습니다. 맨 마지막으로 집으로 돌아가는 사람은 가족과 떨어져 유학을 온 남자 셋이었습니다. 그들은 예배 후 뚜벅뚜벅 자신들의 아파트로 돌아갔습니다.

어느 날 한 권사님의 마음속에 그 유학생들이 계속 생각났나 봅니다. 20대, 30대, 40대 남자들이 와서 공부하는데, 우리가 그들의 형제가 맞나 이런 의문이 들었다고 합니다. 권사님은 만나는 사람마다 그들의 이야기를 했습니다. 사람들의 반응은 "That's too bad"라고 말하고 종지부를 찍고 마는 겁니다. 그때 나이 많은 한 신학생이 그들에게 무언가 실질적인 도움을 주자고 제안했고, 그들은 이후 8개월 만에 가족들을 다시 만나게 되어 8년 동안 가족과 함께 유학생활을 마칠 수 있었습니다. 이처럼 우리는 안 되었다는 마음에서 그치는 것이 아니라 내가 할 수 있는 것이 무엇일까를 고민하고 실천하는 데까지 나아가야 합니다.

작년 연말에 울산교회에서 지원하는 120여 명 되는 선교사들에게 선물을 보낸다고 광고했었습니다. 해마다 하는 것인데 이번에는 그 광고를 보고 '내가 할 수 있는 것은 무얼까?' 생각했습니다. 한국에 온 선교사 50명의 이야기를 쓴 책을 보내야겠다는 마음이 들었습니다. 이 책을 선교사님들에게 보내면 선교의 위로와 격려가 되겠다 싶었습니다. 그러면서 편지 한 장 써

서 보내면 어떨까 하는 생각에 이르렀습니다.

성도님들은 잘 모르시겠지만, 선교사와 교회 사이에서 담임목사는 절대 '갑'입니다. 담임목사는 선교사들이 일 년에 한 번이라도 선교보고를 보내지 않으면 선교비를 끊어버릴 수 있는 막강한 권력을 가지고 있다고들 말합니다. 그런데 담임목사는 선교사에게 한 번도 편지를 안 보냅니다. 교제라는 것은 쌍방으로 해야 하는데 일방적으로 받기만 해서는 안 되지 않습니까? 선교보고를 하지 않으면 자를 줄만 알았지, '연락이 없는 것을 보니 고민이 많으신가 보다'며 담임 목사들이 선교사들에게 편지 한 장 쓸 줄 모르더란 말입니다.

그래서 모처럼 몇십 년 만에 착한 마음을 먹고 예쁜 편지지에다가 편지글을 인쇄해서 선물과 함께 보냈습니다. 이번에는 여느 때와는 다르게 답장이 얼마나 많이 왔는지 모릅니다. 그 편지들에 처음엔 답장을 보내다가 이제는 제가 손을 들었습니다. 일일이 답을 보낼 시간이 도무지 나지 않는 겁니다. 그렇지만 틈만 나면 선교사님들에게 편지하려 노력하고 있습니다. 이처럼 무엇이라도 하면 그리스도 안에서 교제의 장이 이루어지는 겁니다.

"보시옵소서. 주님…."

19장의 어순에 내포된 진리를 망각하면 기독교는 박애주의나 도덕주의로 변질됩니다. 주님을 향한 사랑과 감사의 고백이 우리 삶의 원리가 되어야 합니다. 주님 때문에 모든 것을 하십시오. 그렇지 않으면 실망하고, 상처받습니다.

이 원리는 성경이 말하는 진리입니다. 성경은 여러 곳에서 같은 진리를 말합니다.

> 먹든지 마시든지 무엇을 하든지 다 하나님의 영광을 위하여 하라 고전 10:31

> 우리로 하여금 깨어 있든지 자든지 자기와 함께 살게 하려 하셨느니라 살전 5:10

> 살든지 죽든지 내 몸에서 그리스도가 존귀하게 되게 하려 하나니 이는 내게 사는 것이 그리스도니 죽는 것도 유익함이라 빌 1:20-21

'나'와 '너' 사이에 서신 그리스도를 사랑합시다. 오직 예수, 나와 이웃 사이에 서신 분, 그분만 위해서 살아가십시오! 예수 그리스도 그분만을 위해 사는 삶과 정상적인 성도의 삶은 세상에 항상 신선한 충격을 줍니다. 우리도 삭개오처럼 아름다운 삶으로 세상을 놀라게 할 것입니다.

세상은 진정한 그리스도인의 삶을 이해조차 못 할 것이나 동시에 그런 삶을 사는 성도의 모임은 온 사람들에게 칭송을 받을 것입니다. 그때 주께서 구원받은 사람을 날마다 더해 주실 것입니다. 교회다워지고 성도다워질 때 성장하는 것이 바른 징표입니다.

여러분은 이 거룩한 소명 때문에 부름 받은 자들입니다. 이 부름을 달성하기 전에는 결코 적은 성취에 만족하지 맙시다. 여러분은 영광의 주님을 영접한 자입니다. 이제는 주님의 영광만을 위해서 살아갑시다.

4. 한 선언

예수께서 이르시되 오늘 구원이 이 집에 이르렀으니 이 사람도 아브라함의 자손임이로다 인자가 온 것은 잃어버린 자를 찾아 구원하려 함이니라 눅 19:9-10

그리스도 안에서 사랑하는 여러분, 주님이 세상에 계셨을 때 많은 사람이 주께 돌아왔습니다. 그러나 모든 경우와 일들이 다 복음서에 기록되어 있지는 않습니다. 삭개오의 경우는 예외적으로 그 풍성한 의미 때문에 누가복음에 10절이나 할애되어 있습니다.

그날 여리고에서 일어난 삭개오의 구원 사건은 구원이 명예, 지위, 부귀 등 외형적인 것이 아님을 보여 줍니다. 구원은 내면적인 사건입니다. 구원은 인격적인 만남이요, 대화요, 영접이요, 순종이라는 것을 앞에서 살펴보았습니다.

구원은 또한 사회적인 의미를 지닙니다. 예, 그렇습니다. 한 사람이 구주를 인격적으로 영접할 때 구원이 시작됩니다. 그러나 구원은 거기서 끝나지 않습니다. 그때부터 구원받은 자의 삶이 시작됩니다.

우리는 삭개오 설교 첫 시간에 지나가시는 주님을 통해 우리 자신을 돌아보았습니다. 둘째 시간에는 삭개오의 결단을, 셋째 시간에는 이웃을 향한 우리의 사명을 살펴보았습니다. 계속해서 9-10절, 주님의 선언을 중심으로 살피려 합니다.

구원, 영생 그리고 하나님의 나라

사랑하는 여러분, 혹시 구원, 영생, 하나님의 나라가 서로 어떤 관계에 있는지 생각해 보셨습니까? 사실 이 개념들은 같은 사건에 대한 다른 표현일 뿐입니다. 마치 계절에 따라서 그 아름다움을 표현하기 위해 하나의 산이 금강산, 봉래산, 풍악산, 개골산으로 불리듯이 성경은 보는 각도에 따라서 같은 사건을 구원, 영생, 하나님의 나라라고 부릅니다.

세상 나라와 대조되는 하나님의 나라는 마태, 마가, 누가복음에 자주 사용하는 표현입니다. 그런가 하면 일시적인 삶과 대조되는 영원한 생명, 영생은 요한복음에 자주 등장하는 용어입니다. 그리고 "이 악한 세대에서 구원을 받으라"갈 1:4, "허물과 죄에서"엡 2:1 혹은 "하나님의 진노에서 구원을 받으라"롬 5:9 등으로 표현하는 것은 바울 서신의 특징입니다.

사실 '구원, 영생, 하나님의 나라', 이 세 가지 표현은 누가복음 18장에 모두 나옵니다. 각각 18절, 24절, 26절에 나옵니다.

> 어떤 관리가 물어 이르되 선한 선생님이여 내가 무엇을 하여야 영생을 얻으리이까눅 18:18

> 예수께서 그를 보시고 이르시되 재물이 있는 자는 하나님의 나라에 들어가기가 얼마나 어려운지눅 18:24

> 듣는 자들이 이르되 그런즉 누가 구원을 얻을 수 있나이까눅 18:26

무엇이라고 표현하든지 중요한 사실은 그 현존적 의미요 실존적 경험입니다. 9절을 중심으로 다시 한 번 삭개오 구원 사건의 의미를 "한 선언"이란 제목으로, 주권적 선포란 측면에서 음미해 봅시다.

'오늘, 지금' 해야 할 우리의 결단

사랑하는 여러분! 영생은 죽음 이후부터 시작되는 것이 결코 아닙니다. 구원은 오늘부터 시작해서 영원으로 이어지는 것입니다. 즉 하나님 나라는 예배의 자리에 나온 오늘 내 마음속에 임해야 합니다. 내일로 연기하는 삶은 파멸로 향하는 삶입니다. 하나님과 바른 관계를 맺는 일을 뒤로 미루는 것은 인생을 지옥으로 몰아넣는 사탄의 전통적 수법입니다.

사도행전 24장에 나오는 총독 벨릭스는 이 사탄의 수법에 걸렸던 전형적 인물이며 이는 사도행전 24장 25절을 통해 알 수 있습니다. 벨릭스는 자기 아내이자 유대인이었던 드루실라의 권유로 가끔 바울을 만났습니다. 바울은 그에게 공의와 절제와 장차 오는 심판을 강론했습니다. 바울의 설교는 벨릭스에게 거룩한 두려움을 안겨주었습니다. 그러나 벨릭스는 "지금은 가라 내가 틈이 있으면 너를 부르리라"행 24:25고 결단을 연기했습니다. 우리는 선포된 진리 앞에 두려움을 느낄 때 즉각 결단해야 합니다. 결단해야 하는 순간을 뒤로 미루는 것은 우리에게 치명적인 결과를 가져옵니다.

사랑하는 여러분, "오늘 구원이 이 집에 이르렀으니

이 사람도 아브라함의 자손임이로다"눅 19:9는 주님의 선언은 구원의 결단이 무엇보다 오늘의 문제임을 상기시켜 줍니다. 지금 여러분은 하나님과 더불어 바른 관계를 맺고 있습니까? 하나님과 여러분 사이에 풀어야 할 매듭은 없습니까? 우리가 가지고 있는 사소한 매듭이라도 푸는 것이 예배의 자리에 나오는 바른 태도입니다. 내 양심에 거리끼는 것이 내가 아닌 어떤 형제, 자매와의 문제라고 생각지 마십시오. 궁극적으로 나와 형제, 자매의 문제는 우리만의 문제가 아닙니다. 이를 싫어하시는 하나님과의 문제입니다. 그러므로 성경은 이렇게 말합니다.

> 그러므로 예물을 제단에 드리려다가 거기서 네 형제에게 원망들을 만한 일이 있는 것이 생각나거든 예물을 제단 앞에 두고 먼저 가서 형제와 화목하고 그 후에 와서 예물을 드리라마 5:23-24

사랑하는 여러분, 형제와 화목을 통해서 지금 하나님 아버지와 더불어서 바른 관계를 맺으십시오. 그리하여 하나님으로 하여금 여러분 한 사람, 한 사람을 향해서 선언하도록 하십시오. 성경은 구원에 관련해서 항상 '오늘'을 중요시합니다.

> 그러므로 성령이 이르신 바와 같이 오늘 너희가 그의 음성을 듣거든 광야에서 시험하던 날에 거역하던 것 같이 너희 마음을 완고하게 하지 말라 히 3:7-8

> 형제들아 너희는 삼가 혹 너희 중에 누가 믿지 아니하는 악한 마음을 품고 살아 계신 하나님에게서 떨어질까 조심할 것이요 오직 오늘이라 일컫는 동안에 매일 피차 권면하여 너희 중에 누구든지 죄의 유혹으로 완고하게 되지 않도록 하라 히 3:12-13

> 오늘 너희가 그의 음성을 듣거든 격노하시게 하던 것 같이 너희 마음을 완고하게 하지 말라 히 3:15

> 보라 지금은 은혜 받을 만한 때요 보라 지금은 구원의 날이로다 고후 6:2

여러분, 지금 하나님과 바른 관계를 맺으십시오. 지

금 그리스도 안에서 기쁨을 소유하십시오. 하나님과 더불어 이웃과 더불어 지금 새로운 관계를 맺으시기 바랍니다.

하나님은 우리의 과거보다 우리의 현재를 중요시하십니다. 기독교는 과거에 머무는 종교가 아닙니다. 기독교는 우리의 현재를 새롭게 합니다. 2절은 삭개오의 과거를 소개하고 있습니다. 불행히도 우리가 가지고 있는 한글 번역본에는 이 시제가 분명하게 나타나 있지 않습니다. 실제로 우리가 읽은 구절을 "보라, 삭개오라 이름 하는 자가 있었으니 세리장이였고 또한 부자였다"눅 19:2라고 과거형으로 번역해야 시제를 살린 표현이 될 것입니다. 반면에 오늘 우리가 본 누가복음 19장 9절의 "오늘 구원이 이 집에 이르렀으니 이 사람도 아브라함의 자손임이로다"는 삭개오의 현재를 선언합니다.

2절은 삭개오의 과거를 말해 주는 데 반해, 9절은 삭개오의 현재 신분을 말합니다. 2절이 삭개오가 누구였는지 말한다면, 9절은 삭개오가 지금 하나님 앞에서 누구인지를 보여 줍니다.

삭개오란 이름은 '의로운 자'를 뜻합니다. 그는 스스

로 생각해 보아도 자신의 이름과 어울리지 않는 삶을 살고 있었습니다. 삭개오, 그는 타인의 눈에도 하나님의 나라와 관계없는 생활을 하던 사람이었습니다. 여리고에 사는 모든 사람은 '삭개오'하면 치를 떨었습니다. 삭개오, 그는 주님의 말씀에 따라 생각해 보아도 부자로서 하나님의 나라에 들어갈 가능성은 전혀 없던 자였습니다.

누가복음 18장을 보십시오! 주님은 "재물이 있는 자는 하나님의 나라에 들어가기가 얼마나 어려운지 낙타가 바늘귀로 들어가는 것이 부자가 하나님의 나라에 들어가는 것보다 쉬우니라"눅 18:24-25고 선언을 하셨습니다. 이런 처지에 있었던 삭개오를 향해 주님은 이렇게 선언하십니다. "오늘 구원이 이 집에 이르렀으니 이 사람도 아브라함의 자손임이라", "그런즉 누가 구원을 얻을 수 있나이까"눅 18:26라고 놀라면서 묻는 제자를 향해, 심지어 "무릇 사람이 할 수 없는 것을 하나님은 하실 수 있느니라"눅 18:27고 답합니다. 재물을 가진 사람으로 삭개오가 하나님의 나라에 들어갈 가능성은 거의 제로였지만, 전능하신 하나님, 천지를 창조하신 하나님은 하실 수 있기 때문입니다. 수군거리는 뭇사람의 구원관에 의하면 삭개오는 구원받을 수 없는 대상으로 여겨졌지만, 하나님의 주권적 역사에 의해서 삭개오는 하나님의 나라 백성으로 선포되었습니다. 주님은 그를 향해 "아브라함의 자손" 됨을 선언하셨습니다.

내가 다 이루었다

여러분 가운데 혹시 자기 스스로도 용서할 수 없는 죄를 짓고 고민하는 분은 없습니까? 혹시 타인이 보기에도 구원의 여망輿望이 없는 포기된 삶을 사는 분은 없습니까? 하나님의 자비하심을 바라보기에는 너무도 부끄러운 과거를 가진 분은 없습니까?

믿기만 하십시오! 예수 그리스도께서 여러분을 위해 세상에 오셨습니다. 예수 그리스도께서 여러분의 죄를 대신하여 십자가에서 죽으셨습니다. 예수께서 십자가에서 운명하시면서 남긴 말씀을 기억하십시오. "내가 다 이루었다"요 19:8를 직역하면 "내가 다 청산했다 내가 다 지불했다"입니다. 예수께서는 모든 인생의 죄 값을 다 청산하셨습니다.

사랑하는 여러분, 이제 여러분은 자신의 죄악 된 삶

을 자기의 죽음으로 청산하기엔 너무 늦었습니다. 이미 그리스도 예수께서 여러분을 대신해 죽으셨기 때문입니다. 때가 이미 지났습니다. 2,000년 전 그리스도께서 여러분의 죄 값을 다 청산했습니다. 죄로 인해 고민하는 모든 인생을 살리기 위해서 그가 오셨습니다. 구원의 길을 열기 위해서 그분은 십자가에서 돌아가셨습니다. 십자가 위에서 우리의 죄 값을 다 청산하셨습니다. 그러므로 이제는 여러분의 죄의 대가를 여러분이 지불할 필요가 없어졌습니다.

그리고 그분은 오늘도 우리를 향해 이렇게 권하십니다.

> 오호라 너희 모든 목마른 자들아 물로 나아오라 돈 없는 자도 오라 너희는 와서 사 먹되 돈 없이 값 없이 와서 포도주와 젖을 사라 사 55:1

이제 용서하시는 하나님께로 돌아오십시오! 그리스도를 대신해서 권합니다. 기다리고 계신 하나님의 품으로 돌아오십시오. 여러분이 바로 살려고 노력도 해 보았고, 발버둥을 쳐 보았어도 소용없는 자리에 지금 있다 하더라도 상관없습니다. 주 예수께 맡기고 돌아오기만 하면 새 삶이 열립니다.

제발, 여러분의 힘으로 그리스도인의 삶을 살려고 노력하지 마십시오. 그것은 불가능합니다. 그 시도는 하면 할수록 더 깊은 실망과 좌절을 안겨줍니다. 오직 그리스도 예수 그분만이 여러분의 과거의 삶을 용서하실 수 있는 분입니다. 오직 그분만이 여러분 현재의 삶을 새롭게 하실 분입니다. 오직 그분만이 여러분 미래의 삶을 보장할 수 있습니다.

다른 사람이 뭐라 말해도 고백하십시오. "인자가 온 것은 잃어버린 나를 찾아 구원하려 하심이라"눅 19:10라고 대답하십시오. 하나님이 여러분을 포기하기 전에는 여러분 자신도 여러분을 포기할 수 없습니다. 하나님께서 여러분을 기다리고 계신 한 아무도 자신을 포기해서는 안 됩니다. 지금 그리스도 예수 그분은 여러분을 구원하러 오고 계십니다.

여러분이 주께로 돌아올 때 세상은 그들의 잘못된 생각을 고칠 것입니다. 하나님의 사랑은 사람의 생각을 훨씬 초월함을 보게 될 것입니다. 하나님의 자비는 사람의 생각보다 무한함을 보게 될 것입니다. 사람의 생각보다 훨씬 깊고 넓은 하나님의 구원 계획을 보고 놀라워할 것입니다.

지금도 하나님은 여러분을 향해 "이 사람도 아브라함의 자손임이로다"라고 선포하고 싶어 하십니다. 하나님의 구원은 사람들의 생각보다 훨씬 더 넓습니다. 만약 그렇지 않았더라면 소망이 없었을 자들이 여기 모인 저와 여러분입니다. 그래서 우리는 이제부터라도 영원토록 주님을 찬송하려고 여기 모였습니다. 그래서 새벽에도 밤에도, 기뻐도 즐거워도, 절망 가운데서도 찬송하는 것입니다.

구도자인가? 신자인가?

여러분은 '구도자' 혹은 '신자', 둘 중 무엇입니까?

> 천부여 의지 없어서 손들고 옵니다
> 주 나를 외면하시면 나 어디 가리까
> 내 죄를 씻기 원하여 피 흘려주시니
> 곧 회개 하는 맘으로 주 앞에 옵니다 찬송가 280장

사랑하는 여러분, 뉘우치며 돌아서는 자를 향한 하나님의 사랑은 무한합니다. 그 사랑을 체험하기 위해

예배당을 찾아 나온 분을 '구도자'라고 부른다면, 하늘의 천사도 헤아릴 수 없는 그 가없은 사랑을 이미 경험한 자를 '신자'라고 합니다.

사랑하는 여러분, 여러분은 신자가 되기 위해 구도자로서 오늘 이 자리에 나오셨습니까? 아니면 신자가 된 사실에 감격해서 그분을 찬양하기 위해서 오셨습니까? 여러분의 입장은 둘 중의 하나입니다. 그리고 둘 중에 하나여야만 합니다.

그때도 지금처럼 많은 사람이 주님을 "즐거워하며 영접한" 경험 없이 종교적 행사에 참여하는데 열심을 내었습니다. 지금도 많은 사람이 동일한 잘못을 범하지 않고 있다고 보장하실 수 있습니까? 그때 유월절을 지키기 위해 예루살렘을 향해 나 있는 여리고 길이 메워지도록 올라가던 사람이 구원을 몰랐다면, 이 자리에 앉아있는 모든 사람들이 다 구원을 받았다는 보장이 어디에 있습니까?

그래서 저는 이 삭개오 이야기를 통해 여러분 스스로 그리스도인이 맞는지 점검할 몇 가지 시금석을 제시하고자 합니다.

첫째, 여러분 생애에 한 번이라도 예수님을 알고 싶

어 소망한 적이 있었는지 묻습니다.

둘째, 하루라도 성경을 읽고 싶어서, 온종일 하나님 말씀을 읽고 싶다고 생각한 적이 있었는지, 그러다가 눈물 콧물 가리지 못하고 기쁨의 영접을 한 경험이 있었는지 묻고 싶습니다. 신생아가 세상에 태어날 때도 울지 않고 태어나는 경우가 종종 있는데 그럴 때면 아기 엉덩이를 때립니다. 울도록 하기 위해서입니다. 세상에 울지 않고 태어나는 아기가 있다 하더라도 대한민국 사람 중에 기독교인으로 다시 태어났다고 하면서도 운 적이 없다면 조심하십시오.

셋째, 다른 사람의 구원을 함께 기뻐함이 자기 집 아들딸이 좋은 대학에 들어간 것보다 더 컸던가를 생각해 보십시오.

넷째, 본인 스스로 '전에는 이렇게 살았지만, 이제는 이렇게 살겠다'고 삶의 결단을 한 적이 있었는지 돌아보십시오. 오히려 '나는 기독교 집안에서 태어나 언제나 착했어'라고 생각하는 사람은 조심하십시오.

다섯째, 이웃을 알고 있는지 스스로 물어보십시오. 하나님은 우리를 창조하시되 외딴 섬에 홀로 창조하지 않았습니다. 사람이 태어난 지 몇 시간 안 되어 혼

자 던져 놓으면 그는 살 수 없습니다. 태어나서 지금까지 우리는 사람들 사이에서 살아왔습니다. 인간을 한자로 쓰면 사람 인人, 사이 간間입니다. 우리는 사람 사이에 있을 때만 사람 구실을 할 수 있습니다. 다른 사람이 있었기에 우리가 있는 것입니다. 이웃에 대한 고마움을 발견하고 가난한 이웃을 위해 내가 도울 수 있는 것이 무엇인가 생각해야 합니다.

여섯째, 과거의 삶을 청산했는지를 물어야 합니다.

당신은 과거의 삶을 청산했습니까?

제가 중학교를 졸업하던 해에 아버지가 돌아가셨습니다. 그때 아버지께서 눈을 뜨고 돌아가셨는데 그 모습이 아직도 생생합니다. 당신보다 12살 어린 44살 되는 아내를 두고, 중학생 아들을 두고 가는데 어떻게 눈을 감고 세상을 떠나겠습니까? 내가 있는 자리에서 어머니는 아버지 눈을 감기면서 혼잣말처럼 말씀하셨습니다. "눈감고 가세요. 애비 없는 사람도 대학 가고 유학 가고 다 합니다." 저는 어머니의 얼굴에 눈물이 주르륵 흐르는 것을 보았습니다. 아버지는 돌아가시기 전에 어린 저에게 그래도 아들이라고 여러 차례 "느그

어무이 잘 모시라"고 당부하셨습니다.

아버지의 눈을 감겨주시던 어머니께서 불과 몇 달 전에 돌아가셨습니다. 저는 "국제시장"이라는 영화 마지막에 주인공이 "아버지, 제가 할 일을 다 했습니다"라는 말의 의미를 그때 비로소 알았습니다. 어머니가 돌아가실 때 제가 얼마나 홀가분했는지 모릅니다. 저는 제 어깨에 50여 년 동안 아버지의 부탁을 짊어지고 살았습니다. 어머님이 세상을 뜨시니 한편으로는 해방감이 생겼습니다. '이제는 내가 할 일을 다 했구나'하는 생각이 들었던 것입니다.

그런데 어머님이 돌아가시고 얼마 후 추석이 되었는데 사람들이 "이번 명절은 허전했겠습니다"라고 했습니다. 저는 차마 홀가분하다고 말할 수가 없었습니다. 또 한편으로는 아무도 손가락질을 하지 않아도 홀가분해 하는 제 속마음 때문에 '내가 아들이 맞나' 싶은 자책감이 들기도 했습니다. 그런데 어머님이 돌아가시고 한 달쯤 지나서 꿈에서 어머니를 만났습니다. 어머니는 얼굴로 제 뺨을 비비면서 좋아하셨습니다. 살아생전에 한 번도 한 적 없던 일을 꿈속에서 했는데 그 꿈을 꾸고 난 이후로 저는 저 자신을 용서하기로 했습니다. 의식하지 못했지만 '어머니를 참 사랑했었고 어머니를 보고 싶어 했구나'라는 생각을 하면서 불효자라 생각하며 자책하는 마음을 잊어버리기로 했습니다.

가난한 사람을 우리 곁에 두신 이유

우리가 세상을 살다 보면 보통 제일 큰 은혜를 부모로부터 받습니다. 그리고 성도들은 한 교회에서 엮여 있으면서 서로에게 영향을 주고받고, 도움 받으며 살고 있습니다. 그런데 그중에는 놀랍게도 경제적으로 어려운 사람들이 꽤 있습니다. 다른 일은 다 잘 되는데, 돈 되는 일만 안 되는 사람이 있습니다. 왜 하나님은 이런 사람을 우리 곁에 두셨습니까? 그 이유는 우리가 그들을 도와주라고 그들을 우리 주변에 두신 것입니다.

마리아가 값비싼 향유를 깨뜨려 예수님의 발에 부을 때 사람들은 왜 이 비싼 향유를 쏟아붓고 허비하느냐고 책망했습니다. 그때 예수님은 "가난한 사람은 항상 너희와 함께 있다"요 12:8고 말씀하셨습니다.

가난한 자들이 왜 있습니까? 우리가 도와주라고 있습니다. 그러나 나쁜 사람 중 몇몇은 가난한 사람을 이용해서 자기 욕심을 채우고 있습니다.

제가 서울에서 개척했던 교회에 말을 아주 잘하던 친구가 있었습니다. 그는 어떤 회사에 취직해 노조위원장을 맡았습니다. 그런데 그가 울산에 떴다 하면 완전 황제 대우를 받습니다. 그는 노동자들의 이익을 대변한답시고 다니지만 실은 엄청난 대우를 받습니다.

물론 주님 오실 때까지 빈부의 격차는 절대 없어지지 않습니다. 가난은 나라도 감당하지 못한다는 말이 있잖아요? 그런데 그들을 왜 우리 곁에 두셨을까요? 그것은 우리로 하여금 주님을 사랑하는 마음으로 그들의 발을 씻기고, 주님을 사랑하는 마음으로 그들을 섬기게 하기 위해서, 주님이 우리에게 기회를 주신 것입니다. 그러므로 가난한 이웃을 발견한 사람이야말로 신앙인입니다.

해처럼 밝게 살면서 주 찬양하리라

뿐만 아니라 과거를 청산하는 사람은 "내가 내 직위를 이용해서 다른 사람을 강탈한 부분에 대해서 네 배나 갚겠습니다"라고 말합니다. 이 자리에 나오신 사랑하는 여러분, 여러분의 마음속에 하늘의 기쁨이 있습니까? 아니면 "하늘의 영광 내 맘에 넘치네"라는 찬송을 그저 따라 부르기만 합니까? 그냥 따라 부르는 이는 이 예배 시간이 끝나기 전에 꼭 주님을 만나셔야 합니다. 주님은 부르짖으면 언제나 가던 길을 멈추고 만나주시고 우리의 소원을 들어주셨습니다.

그러나 그 찬송이 영혼의 깊은 곳에서 흘러나오는 사람은 이미 주님의 구원을 받은 성도입니다. 자신을 보고 지금 돌아서는 자는 복이 있습니다. 그들의 복은 지금부터 영원까지 이를 것입니다.

그러나 여러분! 구원받은 적이 없어도 구원받았다고 착각하고 살던 자들이 "내가 너를 도무지 알지 못하노라"마 7:23는 선언 앞에 이를 가는 후회의 날을 상상해 보셨습니까? 주님께 순종하는 삶을 살지 않고, 입으로만 '주여, 주여' 하던 자들이 받을 영원한 저주의 두려움을 생각해 보셨습니까?

그분의 영광을 노래하는 수 없는 기회를 가졌으면서도 정말 그분이 존귀한 분인지 조금도 생각해보지 않았습니까? 여러분은 마음에 없는 칭찬과 칭송에 기분 좋습니까? 그저 떴다 하면 온 국민이 미친 듯이 환호하는 그런 자리에서 자기가 백성의 칭송을 받는다고 생각하는 사람은 참으로 머리가 나쁜 것입니다. 저는 마음에 없는 칭찬을 하는 사람과는 더는 교제하고 싶지 않습니다. 차라리 따끔한 충고가 더 나은 사랑의 표현입니다. 여러분은 멋진 찬송을 부르며 '면류관 받으소서' 하는데 마음이 조금도 면류관 받으시는 그분께 가지 않는다면 여러분은 입술을 가지고 예수님을 놀리는 것과 같습니다.

예수님을 십자가에 못 박는 자들도 그랬습니다. 홍포를 입히고는 갈대 막대기를 지어서 임금의 홀인 것처럼 만들고는 "왕이여 평안하십시오"마 27:29, 막 15:18, 요 19:3하고 인사하는 그런 짓과 다른 것이 무엇입니까? 주님께 순종하는 삶을 살지 않고 입으로만 '주여, 주여' 하는 자들이 받을 영원한 저주의 두려움을 다시 한 번 생각해 보십시오.

여리고에서 "이 사람도 아브라함의 자손이다"눅 19:9 란 선언이 많은 사람의 예상을 뒤엎었듯이 그날 흰 보좌 앞에서 주님은 다시 한 번 많은 인생의 예상을 뒤엎는 선언을 하실 것입니다.

> 잘하였도다 착하고 충성된 종아 네 주인의 즐거움에 참여할지어다마 25:21

> 악하고 게으른 종아 … 이 무익한 종을 바깥 어두운 데로 내쫓으라 마 25:26, 30

천국에 가면 깜짝 놀랄 일이 있을 것입니다. 천국 간 꿈을 꾼 어떤 사람이 이렇게 말하는 것을 들었습니다. 정말 생각지도 않은 사람이 거기에 있고, 반드시 있을 거라고 생각한 사람이 거기에 없더라고 말입니다. 정말 놀라운 것은 나 같은 사람이 거기에 있었더라는 것입니다. "Amazing Grace"란 제목으로도 잘 알려진 "나 같은 죄인 살리신"의 마지막 구절은 이렇습니다.

> 거기서 우리 영원히 주님의 은혜로
> 해처럼 밝게 살면서 주 찬양하리라 찬송가 305장

우리는 수많은 영겁의 세월이 흘러도 주님을, 주님의 은혜를 노래할 것이라고 이야기합니다. 한번 물어보겠습니다. 여러분은 여러분의 영원한 운명이 선포되는 그 순간에 하나님의 축복의 선언을 받을 확신이 있습니까? 성도는 온 세상이 나를 향해 수군거릴지라도 예수 그리스도의 보혈이 내 죄를 씻어주었다는 것을 믿는 자입니다. 성도란 내가 부족하여도 받아주시는 아버지의 사랑을 신뢰하는 자입니다. 그 크신 사랑이 나를 용납하리라는 것을 확신하는 자입니다.

**나는 부족하여도 영접하실 터이니
영광나라 계신 임금 우리 예수라**찬송가 493장

이 확신이 지금 여러분께 없다면 지금을 놓치지 마십시오. 주님은 여러분을 지금 기다리고 계십니다. 주께로 돌아오면 주님은 여러분을 영접하십니다. 주님은 여러분이 확신 가운데 신앙생활하기를 간절히 원하십니다.

이러한 확신 없이 신앙생활을 하는 것은 불행한 일입니다. 사랑 없이 부부생활을 하는 것처럼 이는 매우 힘든 것입니다. 신앙 없이 예배를 보는 것만큼 피곤한 것은 없습니다. 그 시간이 한 주간, 168시간 가운데 가장 힘들고 지루한 시간일 것입니다. 그런 사람이 천국 가면 고문이라는 것을 아십니까? 예배는 한 시간 두 시간이면 끝납니다. 그런데 천국의 예배는 끝이 없습니다. 얼마나 지루하겠습니까? 끝이 안 나기 때문입니다. 그러나 그런 일은 없을 겁니다. 다행 아닙니까? 사랑 없이 부부생활을 하는 것처럼 확신 없이 신앙생활 하는 것은 고통입니다. 그런 사람은 자신의 기초를 살펴야 합니다. 다른 이들은 "달고 오묘한 그 말씀"찬송가 200장을 즐기고 있는데 그런 표현조차 믿어지지 않는 분이 있다면 그분은 아직 아브라함의 자손이란 선포를 듣지 못한 것입니다. 하나님은 그런 처지에 있는 사람들을 매우 측은히 여기십니다. 그러므로 그분이 속히 지금 당장에라도 돌아서면 "아브라함의 자손임이로다"라는 선포를 하고 싶어 하십니다.

기쁨으로 영접한 자가 맞이하는 구원

구원은 사람들이 생각하는 것보다 훨씬 폭이 넓은 동시에 사람들의 생각보다 훨씬 배타적입니다. 종교적 행사에 참여한 모든 이들이라고 해서 다 구원을 얻는 것은 아니기 때문입니다. 다른 사람의 죄악 된 삶을 손가락질하는 사람이 모두 다 구원받는 것은 아닙니다. 남의 글에 악플을 단다고 해서 여러분이 착해지는 것은 아닙니다. 사실 욕하다 보면 그 사람을 닮아가게 됩니다. 타인의 잘못을 비난한다는 그 자체가 내가 동일한 잘못을 하지 않는다는 증거는 아닙니다. 함께 남의 허물을 수군거렸다는 사실이 여러분을 안전지대로 옮겨 놓은 것은 아닙니다.

오히려 어제 여러분이 비난한 그 일을 오늘 여러분 자신이 행하고 있을지 모릅니다. 아니 성경은 행하고 있다고 선언합니다.

> 그러므로 남을 판단하는 사람아 누구를 막론하고 네가 핑계하지 못할 것은 남을 판단하는 것으로 네가 너를 정죄함이니 판단하는 네가 같은 일을 행함이니라 이런 일을 행하는 자를 판단하고도 같은 일을 행하는 사람아 네가 하나님의 심판을 피할 줄로 생각하느냐 롬 2:1, 3

그러기에 바울은 권면합니다. 오늘 여러분이 이 말씀을 들을 수 있는 기회를 가진 것은 바로 하나님의 인자하심이 풍성하기 때문입니다. 바로 하나님의 인자하심이 무궁하기 때문입니다. 바로 하나님의 길이 참으심이 무한하기 때문에 다시 한 번 우리는 하나님의 말씀 앞에 나오게 되었습니다.

이러한 말씀을 듣고도 그 인자하심을 멸시하고 끝까지 자기 고집을 내세우면서 나는 되었다고 생각한다면 성령은 로마서를 통해 이렇게 경고합니다.

> 다만 네 고집과 회개하지 아니한 마음을 따라 진노의 날 곧 하나님의 의로우신 심판이 나타나는 그 날에 임할 진노를 네게 쌓는도다 롬 2:5

사랑하는 여러분! 제가 여러분에게 전하는 이 말씀을 통해서 어떤 분은 축복의 자리로 나아가고 있지만, 어떤 분은 이 말씀을 듣고도 돌이키지 아니함으로 인해서 장차 받을 진노를 자기 위에 더욱 쌓고 있습니다. 하나님께서 비를 내리시는 것은 열매를 맺도록 하기 위함입니다. 비로 인해 땅을 굳게 하기 위함이 아닙니다. 오늘 이 말씀을 듣는 여러분은 응답할 책임이 있습니다. 이 말씀을 듣고 지금 응답하십시오. 그러면 이 시간에 하나님의 자녀로 새롭게 태어나게 됩니다. 이 시간 여러분은 사망에서 생명의 자리로 옮겨질 것입니다.

이 말씀을 듣고 거역하지 마십시오. 자기 고집을 버

리십시오. 더 무서운 심판의 자리로 나아가지 마십시오. 말씀 앞에 나오는 것을 축복이 되게 하십시오. 말씀 앞에 나아가는 것을 위기로 만들지 마십시오. 하나님을 순결한 양심으로 섬기십시오. 말씀 앞에 나아올수록 축복이 되게 하십시오. 자기 사랑에 도취되어 이익을 탐하고 더러운 자기 욕심을 추구하는 자, 그가 받을 심판은 무서운 것입니다.

사랑하는 여러분! 구원은 예배 처소에 발을 디딘 모든 자의 것이 아닙니다. 구원은 주님을 기쁨으로 영접한 사람들만의 것입니다. 그 사랑에 감격해 새 삶을 사는 자들의 것입니다. 그 용서의 확신 때문에 자신이 잘못 살아온 과거를 시인하고 더 나아가 그것을 청산하는 자의 것입니다. 구원은 전인격적인 결단을 통해 주님으로부터 "오늘 이 집에 구원이 이르렀으니"하는 한 선언을 들은 자들만의 것입니다.

그들은 더 이상 자기 옛사람을 따라 살지 않습니다. 그들은 더 이상 더러운 이익을 탐하지 않습니다. 그들은 더 이상 돈이 전부라고 생각하지 않습니다. 그들은 더 이상 지위가 최고라고 생각하지 않습니다. 그들은 더 이상 명예가 모두라고 생각하지 않습니다.

그들은 주님 한 분으로 만족하는 자들입니다. 그들은 주님이 나의 모든 것의 모든 것이 된다고 고백하는 자입니다. 주님을 위해서라면 무엇이라도 드릴 수 있는, 그리고 주가 쓰시겠다 하면 우리의 삶도 드릴 수 있는 사람입니다.

여러분은 그렇게 고백할 수 있습니까? 저는 여러분 모두가 이 순간부터 주님이 모든 것의 모든 것이라고 고백할 수 있기를 간절히 원합니다.

신앙의 선배들을 따라

저는 대대로 성도들이 불렀던 찬송에 여러분의 목소리가 합해지기를 소원합니다.

> **친척과 재물과 명예와 생명을 다 빼앗긴대도
> 진리는 살아서 그 나라 영원하리라** 찬송가 585장

이 찬송은 루터가 1529년에 만든 것입니다. 이러한 마음은 16세기 당시 종교개혁자들의 노래였고, 그 뒤를 따르는 신교도들이 부르는 찬송이 되었습니다. 그러므로 개혁주의 노선에 선 모든 자는 이 노래에 함께

할 수 있어야 합니다. 이것은 구원받은 성도들의 입장입니다. 그러나 오늘의 조국교회는 너무나 쉬운 길로 나아가고 있습니다.

1. 내 주를 가까이 하게 함은
   십자가 짐 같은 고생이나
   내 일생 소원은 늘 찬송하면서
   주께 더 나가기 원합니다

3. 천성에 가는 길 험하여도
   생명 길 되나니 은혜로다
   천사 날 부르니 늘 찬송하면서
   주께 더 나가기 원합니다 찬송가 338장

오늘날 한국교회는 이런 찬송이 조롱을 받는 실정입니다. 십자가의 종교는 그리스도 예수를 따르는 종교입니다. 장차 오실 영광의 주님을 바라보면서 초림하신 고난의 발자취를 따르는 성도가 제대로 된 성도입니다. 우리가 현재 서 있는 자리를 바로 인식합시다. 우리가 서 있는 자리는 영광의 자리가 아닙니다. 나를 오라고 부르신 그분의 음성을 듣고 그분이 가신 십자가의 뒤를 따라가야 합니다.

사랑하는 여러분! 친척과 재물과 명예와 생명을 돌보지 않고 우리의 신앙의 부모들은 이 길을 나선 사람들입니다. 한국 기독교가 3, 4대 된 것이 자랑이 아니라 나 자신이 그 신앙 위에 서 있는 것을 확인해야 합니다. 여러분의 조부, 부모와 함께 동일한 찬양을 할 수 있기를 간절히 바랍니다. 찬송가 585장에서 '모든 것을 빼앗겨도 하나님의 나라가 영원하리라'는 찬송을 자신이 할 수 있는지, 우리 스스로 물어봅시다.

결단을 내리는 여러분 모두를 향해 주님은 이렇게 선언하실 것입니다.

> 오늘 구원이 이 집에 이르렀으니 이 사람도 아브라함의 자손임이라

교회는 이 선언을 들은 사람들의 모임이어야 합니다. 부디 주께서 여러분 한 사람 한 사람에게 선언토록 하십시오.

저자 저서

강해

정근두, 《구원사의 서곡-누가복음 1》, 두란노(1999)
정근두, 《제3의 유혹-사역의 준비와 시작-누가복음 2》, 두란노(1997)
정근두, 《사람 낚는 어부가 되리라-누가복음 3》, 두란노(1996)
정근두, 《살았으나 죽은 자들의 인생-누가복음 4》, 두란노(1997)
정근두, 《영광의 소망 그리스도-골로새서》, 생명의말씀사(2000)
정근두, 《땅 위에는 영원한 도성이 없습니다-히브리서 13장 강해》, 하나(1995)
정근두, 《흩어진 열두 지파》(야고보서 1), 하나(1997)
정근두, 《믿음을 입증한 사람들》(야고보서 2), 하나(1998)
정근두, 《심판자가 문 밖에》(야고보서 4-5장), 하나(1998)
정근두, 《일곱교회》(요한계시록 1), 하나(1998)
정근두, 《일곱인봉》(요한계시록 2), 하나(1996)
정근두, 《일곱나팔》(요한계시록 3), 하나(1996)
정근두, 《일곱대접》(요한계시록 4), 하나(1996)
정근두, 《바벨론의 멸망》(요한계시록 5), 하나(1997)
정근두, 《새하늘과 새땅》(요한계시록 6), 하나(1997)

저서

정근두, 《로이드 존스의 설교론》, 여수룬(1993)
정근두, 《로이드 존스에게 배우는 설교》, 복있는사람(2016)

번역

마틴 로이드 존스 저, 정근두 역, 《설교와 설교자》, 복있는사람(2012)

교재

정근두, 《목적이 이끌어 가는 교회》, 국제제자훈련원(2000)
정근두, 《본질을 회복하는 교회》, 국제제자훈련원(2002)

테이프

정근두, 《그 나라가 무궁하리라-누가복음 2》, 프리셉트(1997)

삭개오,
그에게로 오신
예수님

발행일	2016년 10월 31일 초판 발행
	2017년 1월 4일 2쇄 발행
발행인	김재현
저 자	정근두
편 집	강은혜, 류명균, 김다미
디자인	박송화
펴낸곳	한국고등신학연구원(KIATS)
주 소	서울시 용산구 한강로 1가 228 한준빌딩 1층
전 화	02-766-2019
팩 스	0505-116-2019
E-mail	kiats2019@gmail.com
ISBN	979-11-6037-038-6 (03230)

• 본 출판물의 저작권은 한국고등신학연구원(KIATS)에 있습니다.
• 사전동의 없이 무단으로 복사 또는 전재하여 사용할 수 없습니다.

** 이 도서의 국립중앙도서관 출판예정도서목록(CIP)은 서지정보유통지원시스템 홈페이지(http://seoji.nl.go.kr)와 국가자료공동목록시스템(http://www.nl.go.kr/kolisnet)에서 이용하실 수 있습니다.(CIP제어번호: CIP2016025208)